国民投票のための憲法改正学

―問題点がよくわかる―

清原　淳平　編著

善本社

まえがき

国民の皆さん、これまで、学校で、日本国憲法の第三章に「国民の権利・義務」という章があって、義務は、納税の義務、勤労の義務、教育を受けさせる義務など、僅かだが、権利は、基本的人権の尊重をはじめ、思想及び良心の自由、集会・結社・表現の自由、学問の自由等々、多くの権利があると教えられ、納得してこられた、と思う。

しかし、国民の皆さんには、もう一つ、重要な権利がある。この権利は、上述した権利・義務を記した第三章から遠く離れて、憲法条項の末尾の方、第九十六条に規定されているので、学校の先生方もつい見落としてしまったのかもしれない。

この第九十六条は、憲法改正を行うための手続規定で、こう書いてある。「この憲法の改正は、各議院の総議員の三分の二以上の賛成で、国会がこれを発議し、国民に提案してその承認を経なければならない。この承認は、特別の国民投票又は国会の定める選挙の際行われる投票において、その過半数の賛成を必要とする。②憲法改正について前項の承認を経たときは、天皇は、国民の名で、この憲法と一体を成すものとして、直ちにこれを公布する。」とある。

この「憲法改正のための国民投票権」が、学校であまり教えられてこなかったのには、いま一つ理由がある。それは、規定はあったが、この憲法が制定されてからずっと、衆参各院で、三分の二を制する改憲政党が出現しなかったので、憲法改正と言っても現実味がなく、それを実施するための具体的な手続規定をおく切迫した必要を感じなかったからである。

しかし、第二次安倍内閣になって、改憲政党の自民党だけではむずかしくても、環境権など新しい権利なら盛り込んでも良いとする加憲党や、その他、教育無償化ならという条件付改憲党も協力して、現実味が出てきた。そこで、国会で、平成二十二年五月十八日「国民投票法」が制定・施行され、さらに、その一部改正法が、平成二十六年六月二十日に成立している。

こうして、この「憲法改正の国民投票権」は、国民の具体的権利として、浮上している。

そして、近年、すでに、テレビ、新聞、雑誌などで、お聞き及びでしょうが、いま、国会内、すなわち衆議院・参議院それぞれの議院の中に、憲法審査会が設けられ、憲法改正案が検討されている。

この「憲法改正の国民投票」の特色は、上掲の条文にあるように、一般の法律は、衆議院と参議院で可決されれば、その法律は成立するが、憲法改正については、それだけでは足らず、衆議院と参議院で可決されても、それは「発議案」に過ぎず、その発議案を国民投票にかけ、その過半数以上の賛成があって、その憲法改正案は成立することになる。

それだけに、この「憲法改正の国民投票」は、国民の権利として極めて大きな権利である。皆さんは、投票なら、もう何度もしているよ、と言われるかもしれない。だが、それは違う。これまでの投票は、政党や候補者の中から人を選ぶ投票で、誰に投票するかは、選挙広報や、テレビ広報、あるいは街頭演説、候補者の日頃の言動などで判断して、投票されてきた。しかし、この「憲法改正の国民投票」は、政党や人ではなく、「憲法改正案」という「法」についての判断となる。この国民投票権は大きな権利であるだけに、その判断を他人任せにするべきではない。

そのためには、国民それぞれが、「法」についての基礎的ルールや、現行憲法についての成り立ちや、何が問題で改正案ができたのか、多少なりとも、そうした知識を持たれる必要がある、と考える。この国民投票権は、上述したように重要な権利なので、自分は良く分からない、といって棄権しないでいただきたい。

憲法改正の必要性はいろいろある。それは、本書をはじめ私の著述を読んでいただきたい。

いま、一例を挙げておくと、憲法をはじめ「法」は、制定された時点で静止している。いまの憲法は、七十余年前の昭和二十二年で静止している。それに対して、時代は進化している。戦前に「昔の百年は、今の十年」と言われたが、戦後は「日進月歩」と言われ、そして、ＩＴの現代は「分進秒歩」とさえ言われている。

そのため、近代諸外国は、その憲法を頻繁に改正している。例えば、日本と同じ敗戦国で、占領軍の要求で新憲法を作った西ドイツは、この七十年間に六十回も改正している。これに対して、日本国憲法は、一度も改正していない。

改正しないとどうなるか、静止している憲法と、大きく変化している現実との間にギャップが生ずる。改正できないと、やむえず解釈で補わざるをえない。いま、日本国憲法は、解釈で補うのも、限界に近づいている。

どうか、国民の皆さん、日本国のために、真剣にお考えいただきたい。

平成三十年三月三日

清原淳平

目次

一、まず「法」のルールを知ろう！

本書では、後半に、現行憲法の各章の説明が出てくるので、「第一章」といった章題をつけると、それとの混同を生ずるおそれがあるので、それを避けるために、「章」は付けず、「一、」「二、」とした。

この「一、まず法のルールを知ろう！」は、以下に記すように、候補者という人を選ぶ通常の投票と異なり、憲法改正についての国民投票は、憲法という国家の基本法について、その改正を認めるか否かという「法」についての判断となる。

そこで、法律について勉強をしている一部の方は別として、法について専門に勉強をしていない多くの国民が、「法」はむずかしくて分からないとして、投票所に行かない方が多いのではないか、と憂え著述した。

そこで、この「一、」では、「法」なるもののルールを、極力分かりやすく解説した。これらは、国民投票の場合ばかりではなく、社会生活の中でも役に立つと思うので、御一読いただきたい。

まず「法」のルールを知ろう！

（1）憲法改正の国民投票は、一般の選挙の投票とは異なる！

これから十八歳になって投票権を持つ人もいるでしょうが、すでに投票所に行って選挙権を行使した人は大勢いるでしょう。熟年の方は、投票所には何度も行ってもう慣れているよ、と言われるかもしれない。

しかし、憲法改正の国民投票が行われると、選挙投票に慣れた方々も、初体験となるのです。なぜか？　それは、これまでの投票は、立候補した人間を選ぶ選挙だったのに、国民投票の選挙は、憲法改正に当たっての「法」を認めるか否か、判断をする投票だからです。

つまり、これまでの選挙は、皆さんの住所地域により決められた地域（選挙区）に立候補する人（候補者）が決まると、その中から人を選び、一票を投ずるかどうかの投票でした。

しかし、憲法改正の国民投票の場合は、衆議院・参議院の各議院の総議員の三分の二以上の賛成で発議された「発議案」につき、認めるか否かを判断する「法」に対する投票です。

そうした重要な判断をするだけに、まずは、法の仕組み・ルールを知っていただきたい。

(2) 学問を始めるには、先入観を持たず、初心に帰って学ぶ心が必要！

皆さんも、小学校時代を思い出して下さい。あの頃は、学校で先生の言われることを、素直に聞いたものです。確かに、人間は年齢を経るにしたがって、自我が生じてきます。しかし、高校、そして大学に進学しても、学問には、まず、教師・教授の話を、素直に聞く姿勢が必要です。その中で、疑問が出れば質問もし、意見も交換し、ゼミなどでは討論もします。しかし、学問には、まずは、素直に耳を傾けるという姿勢が必要です。

この『国民投票のための憲法改正学』も、まずは、耳を傾けて見ていただきたい。

憲法改正学も、憲法学の一つであり、憲法学なる法の仕組みを認識した上での改正学です。また、憲法学も、その前提となるのは、「法」なるものの、基本原理を知ることが大切なので、以下に、法なるものの基本原理を、分かりやすく解説しておきましょう。それは、大学の法学部に入ると「法学原論」とか「法学通論」などとして、学ぶところです。それには、「上位法下位法の原則」「事後法の禁止」「類推解釈・拡張解釈の禁止」等々があります。これらのルールは、実社会において結構役立つものですから、まずは、目を通して下さい。（なお、字数を節約するため、以降は、「である」調で書かせていただきます。）

（3）法の秩序、「上位法・下位法の原則」

「憲法」に、法とあるからには「法」であり、それも、その国にとって基本的な事項を定めた基本法であることは、御承知のとおりである。そして、その憲法に矛盾しないかぎりで、民法、刑法、商法など各種の法体系が制定され、また、それを執行するために政令・条例など下位法が定められ、さらに、争訟・裁判となった場合には、民事訴訟法とか、刑事訴訟法などの訴訟法がある。

すなわち、「法」は体系化されていて、国家の基本法たる「憲法」の下に、立法府（国会）がつくる「法律」があり、その下に、行政府（内閣）がつくる「政令」があり、その下に、都道府県の議会がつくる「条例」がある、という仕組みである。

つまり、憲法→法律→政令→条例、といった仕組み（秩序）があり、下位の法は、上位の法に逆らえない。逆に言えば、上位の法の許す範囲でしか、下位の法はつくれない、というのが原則である。そうでないと、法秩序が守れないからである。

裁判所についても、最高裁判所は、その組織・秩序を維持するために「規則」を制定し、高等裁判所、地方裁判所など下級審はそれに従う。判決についても最高裁が上位となる。

（4）「上位法・下位法の原則」についての具体例　その一

しかし、こうした「上位法・下位法の原則」という「法体制」の基本原則は、ともすると忘れられることもある。たとえば、日本の戦後政治は、吉田茂の自由党と、そして保守合同によって生まれた「自由民主党」が長く政権を執ってきたが、一九九三年（平成五年）にその自民党の宮沢喜一内閣の不信任案が可決され、解散となり、自民党からもかなりの離党者が出て、政権を失った時期である。

そして、かつて自民党幹事長も務めた小沢一郎新生党代表が中心となり、八政党を糾合し、日本新党の細川護熙党首を総理とする政権を樹立。しかし、野にあった自民党も長年対立していた社会党に工作し、一九九四年（平成六年）、社会党の村山富市氏を総理とする連立政権を作り、政権を奪回した時期のことである。

社会党は、党是として長年、自衛隊違憲論であったが、自民党と連立した村山富市総理が「自衛隊合憲論」に傾いたため、自衛隊違憲論の中心にいた同党の大幹部（あえて、名前を伏せる）は、自衛隊を「違憲合法」とする論陣を張った。つまり、自衛隊は、憲法には違反するが、法律としては有効だ、というのである。

（5）「上位法・下位法の原則」についての具体例　その二

そこで、私は、手紙を出し「貴先生は、かつて近畿地方の大学で『憲法学』の教授を務めておられたのに、『違憲合法』では「上位法・下位法の原則に反しますよ」と指摘した。その結果、その社会党大幹部は、『違憲合法』は言われなくなった。

もう一つ、今日的に問題になっている事例を挙げておこう。

それは、現行憲法の第八章に「地方自治」の章がある。この章の冒頭、第九十二条には、〔地方自治の基本原則〕として、「地方公共団体の組織及び運営に関する事項は、地方自治の本旨に基づいて、法律でこれを定める。」とある。

その中の「地方自治の本旨」とは何か、解釈が分かれる。特に「地方の時代」などと言われるようになると、地方自治体（都道府県・市区町村）側から、我々は、国（中央政府）の意向を超えて何でもできる固有の権利だ。その法的論拠として、この憲法の原案を創ったアメリカでは、地方の権利が大きいこと。現行憲法が、立法、内閣などの章と並べて、「第八章　地方自治」と別に柱を立て四カ条を置いている、とする。しかし、アメリカの成り立ちは、当初十三の国家が主権を譲りあって、合衆国となったものであり、日本のような単一国家では、国家統一のためにも、「上位法・下位法の原則」の適用ありとすべきである。

(6) 罪刑法定主義の原則　その一　事後法の禁止

「事後法の禁止」とは、実行の時に適法（ないし法令になかった）な言動に対し、そのあとにつくられた法令によって、責任を問うことを禁止することで、特に刑事事件について、罪刑法定主義の原則として、現行憲法もその第三十九条に「何人も、実行の時に適法であった行為について、刑事上の責任を問われない。」と明記している。

これは、ヨーロッパで中世に専制君主国家が出現すると、君主・国王に仕える者や国民に対し、君主・国王の恣意で、後から処刑されたり拘禁されたりしたことがあったので、そういうことがないよう、近代法の象徴として定められた原則である。

しかし、近隣諸国では、この原則が守られていない国家もある。たとえば、韓国である。私の体験を申し上げると、私は一九八〇年（昭和五十五年）代から、岸信介元総理の指示で、韓国、中国、台湾の有識者と交流していたが、二〇〇三年（平成十五年）、盧武鉉大統領のとき韓国の著名人が来られ、日本軍によって朝鮮の女性が従軍慰安婦にされたと言ってきたので、それは、同じ朝鮮人の女衒（女性の売り買いを業とする）の仕業ですよ、と答えた。盧武鉉政権は、それが事実であると分かると、六十年前に遡り、捜し出して処罰している。

(7) 罪刑法定主義の原則　その二　一事不再理の原則　例外としての再審の訴え

この「一事不再理の原則」も、罪刑法定主義の一つで、「一事不再理」とは、「ある事件について、一度、裁判が確定した場合には、その同一事件について、再び実体審理をすることは、許さない。」とする原則である。

もし、この原則に反して、同じ事件について、公訴が提起されたときには、裁判所は実体審理を行わず、免訴（訴訟を打ち切る）の判決をしなければならない。

ただし、この「一事不再理の原則」については、特別例外がある。それは「再審の訴え」である。これは、特に、刑事事件において、地方裁判所――高等裁判所――最高裁判所と進んで最終判決が出ると、通常は、それで確定して、異議申立ができないのが普通であるが、その判決のあと、新たな証拠が出たり、当時の判決に誤りがあるのではないかと疑われる場合、人権保護の見地から、再審の訴えを起こして、裁判をやりなおすことができる。

これは、民事訴訟でも認められており、行政訴訟についても制限があるが認められている。

なお、この「再審請求」は、憲法学の勉強で、特に重要な要素を持つが、その点については、「日本国憲法への歴史と制定後の経過」とその特性の章で、詳しく説明することとする。

（8）法的三段論法（構成要件該当――違法性の判断――責任性）

前々項から述べて来た「罪刑法定主義」の、基本となる判断理論として、マイヤーやベーリングによって提唱され、わが国でも通説となっている法的三段論法について、ふれておく。

この理論は、犯罪として刑罰を科し得るためには、段階的に三つの要素について検討すべきだ、とする。その第一は、たとえば、刑法の「第一九九条【殺人】人を殺した者は、死刑又は無期若しくは五年以上の懲役に処する。」とある。これが、殺人罪の構成要件である。

被告が自白や証拠によって、これに当たるとなれば、被告は、この刑法第一九九条【殺人】の「構成要件該当」者となる。しかし、被告が当事者でなく、他に犯人がいるとなれば、彼は、この「構成要件」に該当しないから、刑法第一九九条の適用は全くなくなる。

しかし、この「構成要件該当」が認められたとしても、すぐ刑罰を科されるわけではない。次は、被告に「違法性があるか」を問題とする。たとえば、この被告は確かに人を殺しているが、それは相手方が先に殺そうとしたので、防衛のためやむなく相手を殺したことが証明されれば、被告の違法性は阻却され、刑罰を科されない。しかし、その次に、責任性があるかの判断になる。被告が病気などにより行為のときに意思能力がなければ罪を問われない。

(9) 近代法の二大潮流 その一 大陸法系

近代法には、二つの流れがあって、基礎的考え方を異にする。それを、ここに説明する。まず、「大陸法系」であるが、それは、ヨーロッパ大陸、特に、ドイツ国を起源として、ヨーロッパ大陸諸国へ普及したので、「大陸法」とよばれるようになった。

中世の専制君主国家における君主の横暴に対し、国民の人権を守るために、学問好きかつ几帳面な国民性を持つドイツにおいて、考案され組み立てられた。それは、前項の法的三段論法がよい例である。

つまり、「大陸法」は、やたらに処罰されないよう、厳格・合理的な構成要件の文言を、予め定めて置き、それに基づいて、言動が刑罰に当たるか否か、決めようとしたのである。

日本も、この書の「三、日本国憲法への歴史と制定後の経過」のところで、詳述するように、明治維新が実現して、日本も当時の列強と並ぶ国家組織・制度をつくるべく、当時の要人が遣欧米使節団を組織し、二年にわたって、外国を視察した結果、日本はドイツ帝国憲法体制が相応しいとして「大日本帝国憲法」を創ったので、この憲法のもとにできた諸法制も自然、ドイツ法の影響を強くうけそれは敗戦まではまさに「大陸法」系であった。

(10) 近代法の二大潮流　その二　英米法系

「英米法」とは、イギリス法およびそれを受け継いだアメリカ法をいう。イギリスでは、さらに、エクイティ（衡平法）とコモン・ロウ（普通法）とに分かれる。エクイティの方は、イギリスに大法官裁判所というのがあって、そこで決められた法をいう。コモン・ロウは、イギリスの国王裁判所が判断した判例法をいう。しかし、大法官裁判所（衡平法裁判所ともいう）は、一八七五年に廃止された。しかし、その衡平法裁判所が下した判例は、現在でも、有効とされている。アメリカでは一括しコモン・ロウ（普通法）と認識されている。

すなわち、前項の大陸法が、具体的な犯罪構成要件を、予め法文として定めておき、事件が発生すると、その事件が、法文に当たるかどうか、たとえば、前々項の罪刑法定主義で述べたように、構成要件該当性――違法性――責任性の判断をする。

それに対して、英米法系は、イギリスが、植民地争奪戦争で当時最強といわれたスペイン艦隊を撃破して以降、イギリス国は王室を中心に安定し、その王室のもと裁判所制度が出来て、そうした裁判所の累積した判例が慣習法化していった、という歴史的経緯がある。

こうして、近代世界の法秩序は、大陸法系と英米法系の二大潮流となったのである。

(11) 近代日本における法制度の推移

わが国の法制度は、後掲「三、日本国憲法への歴史と制定後の経過」に詳述してあるが、ここでは、「大陸法と英米法」の観点から、わが国の法制度の推移を述べる。

明治維新によって西欧並の近代化を目指した日本は、維新後の政局一段落した一八七一年(明治四年)、維新の元勲クラスで構成した「遣欧米使節団」が、欧米諸国を視察した。そして、結局、当時、欧州大陸で勢威を誇っていたプロイセン王国を中心とするドイツ帝国の憲法・法制を参考として、明治二十二年二月十一日、大日本帝国憲法が制定され、その下で逐次法制が整備された。したがって、それはまさに大陸法系であった。

ところが、日本は一九四一年(昭和十六年)ハワイ真珠湾攻撃によって第二次世界大戦へ突入。四年後の一九四五年(昭和二十年)、連合国に降伏し、連合国軍総司令官マッカーサーの統治下に入る。そして、連合国軍総司令部(GHQ)起案になる「日本国憲法」が、現行憲法となり、その下の諸法制も、改正はあったが、その法体系は認められた。しかし、アメリカが英米法系(判例重視)であるために、次第に英米法系の影響を受け、良い面もあるが、大陸法と英米法との思想の混乱もあり、これをどうするかが向後の課題でもある。

(12) 類推解釈・拡張解釈を許さないか許すかの問題

ここで、先へ進む前に、取り上げておくべき原則がある。それは、類推解釈・拡張解釈を許すか許さないか、の問題である。

「類推解釈」とは、法の解釈において、法規に明文で規定された事項の意味を、法規に規定がないが、類似的な事例に類推（推し量って）適用する場合をいう。「拡張解釈」とは、法文として書かれている法律用語や文章の意味を、より広く解釈して適用することをいう。

大陸法においては、違反・犯罪となる事項は、人権擁護のためにも、厳格に解すべきだ、との考えが強く、したがって、「類推解釈」も「拡張解釈」も許さない、禁止すべしとの説が強かった。しかし、時代が下り複雑化する事件発生で、合理的範囲で許される方向にある。

また、英米法においても、「類推解釈」や「拡張解釈」は許さないとする見解もあるが、明文の規定よりも、裁判官の判決・判例を重視する立場から、裁判例において、前に取り上げた事件の具体的事実が、のちに取り上げた事件と全く同じということはありえないので、大陸法に比べ、英米法の方が、「類推解釈」や「拡張解釈」をより認める傾向がある。

いずれにせよ、今日では、類推解釈・拡張解釈を合理的な範囲で認める方向にある。

(13) 大陸法と英米法が混在する現代の日本

大陸法の利点は、特に刑事罰の場合、あらゆる犯罪を想定して構成要件として法文を定めて置き、それに当てはまる場合に刑罰を科するもので、反面、実行の際にそうした法文が作られていなければ刑罰を科すことはできない（事後法の禁止）とまでいうのだから、合理的であり、人権保護にも役立った。

それに対して、イギリスに端を発する英米法は、国王の下に作られた王室裁判所が取り上げ判断するのだから、当初は国民にとって不利な事態もあったようだ。しかし、時代が下って、裁判所の判例が積み重なってくると、その判例も合理的になり、国民も信頼するようになった。イギリスは、そうした裁判所の判決例、つまり判例の重視が主体となる。

しかし、科学技術が発達し、電子機器の現代になり、社会構造もますます複雑になると、大陸法系では、その複雑性に対応して、違法・犯罪の構成要件をいちいち法文化することは困難となり、大陸法の厳格性が却って災いとなる面が出てきた。

それに対して、英米法の方が、裁判官に多少の類推解釈や拡大解釈の幅もあり、多様化・複雑化した現代の社会に合うのではないか、と考えられる。

(14) 日本における英米法系の具体例

第二次世界大戦に参戦した日本は、昭和二十年八月十五日、ポツダム宣言を受諾して連合国に降伏し、やがて、マッカーサー連合国軍総司令官の統治下に入り、日本には沢山の米軍基地が設けられた。日本は、昭和二十六年のサンフランシスコ講和条約により、翌年、独立するが、依然として第九条（戦争放棄）規定のある憲法を保持していたので、日本国を守るため、引きつづき米軍基地が存続していた。

そこで、この米軍基地に対して、国民の中から、基地は憲法違反だから撤去して欲しいとの訴訟が提起された。しかし、これに対して、下級裁判所は、違憲だという判決を出したり、該当する構成要件が存在しないとか、高度の政治事項だからとして司法判断を避けたりした。

そうした中で、「砂川基地事件」につき、昭和三十四年十二月十六日、最高裁判所の最終判決が出た。

この問題については、平成二十七年の国会で、野党側が「集団的自衛権の行使は、憲法上許されない」と主張したのに対し、安倍晋三総理は「最高裁の砂川判決は、集団的自衛権を容認している」と答弁したが、野党側は良く認識できなかったようなので、次項に掲載する。

(15) 最高裁判所の「砂川判決」の論拠

この裁判は、東京都内の旧砂川町（現・立川市）にある米軍駐留の立川基地が、日本国憲法第九条に違反するとして、基地の違憲性を争った裁判である。最高裁判所の判決主文は、米軍基地の存在は憲法違反ではないとし、その理由として、末尾に次のように述べている。

「（日本国）憲法はわが国の『生存権』を確認している。然るに、今若しわが国が他国からの武力攻撃を受ける危険があるとしたならば、これに対してわが国の生存権を守るため自衛権を行使して、防衛のため武力攻撃を阻止する措置を採り得ることは当然であり、憲法がこれを禁止していないものと解すべきである。けだし、わが国が武力攻撃を受けた場合でも、自衛権の行使ないし防衛措置を採ることができないとすれば、坐して自滅を待つの外なく、かくの如きは憲法が生存権を確認した趣旨に反すること明らかであるからである。」

「わが国は、国連憲章の承認しているすべての国の固有する『個別的及び集団的自衛権の行使』として、わが国に対する武力攻撃を阻止するため、日本国内及びその付近に米軍軍隊を維持することを希望し、その配備した軍隊を『外部から武力攻撃に対する日本国の安全に寄与するため等に使用することができる』ことを協定したもの」としている。

二、憲法で学者の見解が分かれるのはなぜか！

この「二、憲法で学者の見解が分かれるのはなぜか！」では、平成二十七年の通常国会・憲法審査会で、憲法学者数名を招いて、「集団的自衛権の行使」と、いわゆる「平和安全保障法制」について意見を求めたところ、その全員が憲法違反との見解を表明し、世間を驚かせた。

その後、マスコミが憲法学者にアンケート調査をしたところ、「集団的自衛権の行使」と「平和安全保障法制」についてばかりではなく、「自衛隊の存在」をも違憲とする学者が多いことが分かり、世間を一層驚かせた。

憲法の研究を専門とする憲法学者の多くが「自衛隊の存在は違憲」となると、それは、発議する国会議員にも影響するし、なんとか国会の衆・参議院において、自衛隊の存在を合憲とする発議案が成立し、国民投票にかけられたとしても、国民がその発議案を過半数以上で賛成するか、心配である。

そうした事態を恐れ、本書では、そうした憲法学者の認識は正しくないことを論証し、国民に正しい判断をしていただきたく、ここに問題提起する次第である。

憲法で学者の見解が分かれるのはなぜか！

（１）憲法第九条【戦争放棄】条項に対して、学者の見解が極端に分かれるのはなぜか？

平成二十七年、安倍政権が、「集団的自衛権の限定的行使」を認め、いわゆる「平和安全保障法制定」を提起したのに対し、多くの野党は、これを違憲だとして反対の声を挙げた。

そうした中、国会では、数人の憲法学者を招き、意見を聴取したところ、その全員が違憲論を展開した。さらに、その後、マスコミが、憲法学者へアンケート調査をすると、「集団的自衛権の限定的行使」「平和安全保障法の制定」が、違憲だとする憲法学者が多く、それも「自衛隊の存在」すら違憲、とする人もかなりいた。

北朝鮮の核実験、長距離ミサイル開発・発射で、世界が危機感を持っているのに、自衛隊をも違憲の存在だとは、どうしたらよいのか？　賛成の声を期待していた国会議員も一様に驚いたし、国民の皆さんも同様、憲法学者という専門家たちが違憲だというのだから、それが正しいのだろう、と考えたかと思われる。しかし、ここに、日本特有の問題がある。

（2）私がどうして、今日まで憲法改正という課題に取り組むことになったのか

そこで、国民の皆さん、考えていただきたい。これまで国会で沢山の法律がつくられてきたが、反対があっても、学者の大勢が否定するようなことはなかったのに、こと、九条がらみとなると、なぜ、こうも学者が反対するのだろうと。以下、この問題を解明して行こう。

それにつけて、私がどうして憲法改正という課題に取り組んでいるのか、その経過を記す。

私は、大学院で修士課程を経て博士課程の二年目を終わったころ、推薦下さる方があって、西武グループを創立し、衆議院議員も長年務め衆議院議長をも経験した堤康次郎氏の総帥秘書室に勤務していた際、堤康次郎総帥のお供をして陳情などで、総理官邸でときの岸信介総理にお目にかかったり、また、堤康次郎総帥が吉田茂元総理と岸信介現職総理とを大層尊敬していて、当時、月に一回程度ということで、西武所有の箱根湯の花ホテルに、御両者をご招待して、「清談会」を催していた。その際、堤康次郎衆議院議員に随行していたことから（やがて、私は肋膜を併発し、西武を辞職したが）、そうしたご縁もあって、昭和五十三年秋に、岸信介元総理からお呼出しがあり、その創設にかかる公益法人の執行役員を務めていたが、翌春、岸信介元総理が同じく会長を務める「自主憲法」の団体の執行をも命じられた。

（3）岸信介元総理の、憲法改正に対する志・熱意に感銘して！

岸信介元総理から、会長を務めておられる二団体、すなわち、「自主憲法期成議員同盟」の事務局長と、その民間運動団体「自主憲法制定国民会議」の常務理事兼事務局長を命じられた際、私は、昨年任じられた公益法人を執行するのに手一杯です、と当初お断りをした。

しかし、岸信介先生は、要旨「戦争に負けて、日本は、占領軍により占領下憲法を与えられた。その憲法の中心は、陸海空軍の不保持、武力行使の永久放棄、交戦権の否認、である。独立主権国家は本来、「自分の国は自分で守る」のが原則で、いまの憲法は独立主権国家憲法の体裁ではなく、占領下統治の憲法である。そのため自分は、憲法改正に努力して来たが実現できなかった。国会議員を辞める今こそ、この課題に余生を捧げたい」との御趣旨。

私は、岸信介会長の国を思う心情に感動し、この両団体の執行をお引き受けした。そこで次に、私は、岸信介会長に、何からはじめましょうか、とうかがったところ、議員同盟の方は会員を増やすこと、そして国民会議の方と協力して、合理的・合法的な憲法改正案づくりに取りかかってくれ、と言われた。そこで、議員同盟の方は、衆参の議員会館の各議員室を駆け回り、二年後には現職三〇八名の大議員同盟ができた。岸会長は大層喜んで下さった。

(4) 有力憲法学者が、憲法改正学の講義を断った理由!

岸信介会長の、いま一つの意向、憲法改正案をつくるための研究会の立ち上げについては、苦労した。考えた末、当時、憲法学者として知られているとされる何人かの学者を訪ねて、憲法改正についての講義を毎月していただきたい、とお願いして廻った。しかし、その結果は、みなノーであった。

その理由をまとめると、「自分は、現行日本国憲法の解釈学について熱心に研究し、論文や著書も書き、今日の地位を築いた。それなのに、これから、憲法改正学をやるとなると、これまでの地位を失うおそれが大きい。」といった理由である。

私は途方に暮れたが、保守系の学会で『憲法学会』という学会があると聞き、そこを訪ねて当方の願いを要請した。出てこられたのは、川西誠理事長、相原良一常務理事、竹花光範事務局長の三名の学者であったと記憶する。

その三方は、「岸信介元総理の御要望とあれば、協力しましょう」と言われ、そこで、昭和五十四年の秋から毎月一回、「自主憲法研究会」を開始した。右三名はよく出席され、特に、竹花光範先生（のちに、駒沢大学副学長、『憲法学会』理事長）は終生講義して下さった。

(5) 竹花光範教授と「自主憲法研究会」(=「新しい憲法をつくる研究会」)

昭和五十四年秋から毎月始まった「自主憲法研究会」は、最初の一年間は現行日本国憲法の解釈学をしていただいたが、二年目から、本来の憲法改正学へと入った。この勉強会は、「自主憲法期成議員同盟」と「自主憲法制定国民会議」の合同で行い、原則として、午後一時半から午後四時までで、しぜんと、その前半は、現職国会議員ないし前元国会議員が国会内での「自主憲法期成議員同盟」の会合報告や憲法改正への信念を述べ、後半は、憲法学者からの憲法改正学についての講義をしてもらい、それを踏まえて、学者・議員・国民の三者協同の意見交換・勉強会となった。国民会議の有志会員も多数参加された。

さらに、この二団体は共催で、毎年五月三日(憲法記念日)に、「自主憲法制定国民大会」(併称「新しい憲法をつくる国民大会」)を開催してきている。(本年は第四十九回となる)

この研究会は、こうして、昭和の時代から沢山の改憲案をつくり、国民大会で発表してきており、さらに平成十年以降、それらの整合性を配慮した全面改正案も何度も発表している。

これらの勉強会、そして沢山の改正案・全面改正案の作成に関しては、竹花光範教授の講義に負うところが大きい。平成二十年二月、急逝された先生の御霊に心からの感謝を捧げる。

(6)「現行憲法無効・明治憲法復元論」と「合法的・合理的改憲論」

私(清原淳平)は、前記、竹花光範教授の紹介により、昭和五十四年秋、『憲法学会』へ入会させていただき、以来四十年近く、毎年、春・秋の『憲法学会』に極力参加しているが、そうして、学者の世界を見ていると、いろいろと分かることが多い。

当団体の「自主憲法研究会」は上述のように、昭和五十四年秋から始めたが、昭和の時代には、まだ、国会議員でも、学者でも、民間人も、「現行憲法無効・明治憲法復元論」論者が多かった。ちなみに、明治・大正・昭和時代には、東京帝国大学に、古神道を学問に取り入れた穂積八束、上杉慎吉、筧克彦など皇国史観の有名な学者がおり、したがって、そうした教授の教えを受けて国会議員になった方の中には、その教えの影響か、「現行憲法無効・明治憲法復元論」の方もいた。

当時の『憲法学会』の中にも、筧克彦教授の女婿・三潴信吾教授がおり、国民会議の中で、戦前・戦中の教育を受けた方の中には、「現行憲法無効・明治憲法復元論」者が結構いた。

これに対し、岸信介元総理は、「自主憲法研究会」をはじめた昭和五十四年、「現行憲法無効・明治憲法復元論」は採らず、「合法的・合理的手段による改憲論」を指示された。

（7）占領政策に翻弄され、萎縮した日本の学界

この章の（4）で、戦後、憲法学者で有名になった方々に、憲法改正学の講義をお願いしても断られたことを記したが、その後、いろいろと学界を観察していくと、こうした現象は、学界一般にあり、その理由は、日本を占領統治した連合国軍総司令部（ＧＨＱ）の占領政策に、日本の学界が、いまだに、大きな影響を受けていることに気付いた。

それは、どういうことかというと、連合国軍総司令部は、日本各地へ進駐したのち、翌年（昭和二十一年）一月四日には、日本国内各分野の公職者を、戦争を推進した軍国主義者とみなし、公職から追放する指令を発令、これにより、二十一万人が追放され、日本人は、占領下であることを実感する。

しかし、この公職追放令の結果、そのあとに共産主義者など左翼がはびこり、占領軍は、米ソ冷戦への動きもあり、今度は、それら左翼を排除する指令も出している。さらに、占領軍は、その起案した日本国憲法が公布・施行されると、この憲法に対する批判を許さず、批判した学者などは、大学から追放する措置を採った。こうした措置は、学界をも震撼させ、学者を萎縮させた。しかし、戦勝国・占領者が、こうした措置をとるのは、当然とも言える。

（８）占領下政策にならされ、独立しても、改憲の声を挙げない憲法学者

昭和二十一年一月三十日、マッカーサー連合国軍最高司令官は、戦勝国の米・英・ソ連・中華民国などの政府筋が、日本占領政策のため組織した極東諮問委員会の代表が、総司令部を表敬訪問した際、「憲法改正については、なにが行われるにせよ、できあがった憲法が、日本人の手になったものだ、と日本人に考えさせる方策をとるべきだ」との趣旨を述べた。

この日本国憲法は、まさに、マッカーサー占領軍総司令官が、日本を間接統治するために編み出された巧妙な方法であるのに、その後、日本人は、サンフランシスコでの講和条約締結により、翌昭和二十七年四月二十八日、独立主権国家を回復する権利を与えられたにもかかわらず、マッカーサー将軍の思いどおり、日本人自身が作った素晴らしい憲法だ、と思い込み、この占領下憲法を一向に改正しようとはせず、いまだに押しいただいている。しかも、この日本国憲法ができて七十年以上経ち、その間、時代が、昔の百年がいまの十年、いや、日進月歩、分進秒歩といわれる時代、諸外国が頻繁に改正しているのに、一度も改正しない。

こうした事態に、本来、真っ先に声を発すべき学界までが、占領下のまま、日本国憲法の解釈学に追われ、憲法改正学を提起しようともしないのは、なげかわしいことである。

(9) 現行「日本国憲法」原理主義に陥った憲法学者

前述のように、日本を統治したマッカーサー将軍は、まず、日本人に、この「日本国憲法」のみ唯一正しい基準だ、と思わせた。それは当然なことで、戦争に負けて降伏すれば、その国は、独立主権国家ではなくなり、戦勝国から軍政官が来て統治するのは当たり前であり、主権に属する統治権・軍事権・外交権は、すべて、その戦勝国側、その戦勝国が任命する軍政官が、行うのがあたりまえだからである。

ただマッカーサー将軍は、天皇制を存続させ、立法・行政・司法も残すが、それらはすべて、そうした間接統治をする方が、日本統治は上手く行く、それらを認めた上で、自分が君臨する方が良い、と考えて、日本人を従わせるための占領下基本法として「日本国憲法」を置いた。統治は、その上に立って自分が行なう。軍事権は与えない。外交権も日本の海外大使館や領事館はすべて閉鎖させ、外国からの大使館も置かない。すべては自分がやる。日本人は、自分が与えた「日本国憲法」に、ただ忠実に従っていれば良い、とした。

このやり方は、うまくいった。余りにうまく行き過ぎて、日本人は、いまだに「日本国憲法」のみ貴い、と考える風潮が根づいてしまった。まさに、「日本国憲法」原理主義である。

（10）国際法学、安全保障学などの学者も、占領下政策にならされている

それは、憲法学者だけではない。国際法学者もそうだ。占領下の日本は、独立主権国家ではないので、外交権は与えられていない。外交的なことは、すべて連合国軍総司令部（ＧＨＱ）が行っているのだから、占領下の日本の大学で、国際法を専門に教える必要もない、として国際法・外交論の講座を設けさせなかった。昭和二十七年、日本が独立を回復したのちも、ドイツでは学者から憲法改正の声が出たのに、日本の国際法学者からは全く出ていない。

また、それは、軍事学、国防学、安全保障学、兵器研究についても同じで、占領下憲法により、陸海空軍不保持、武力行使の永久放棄、交戦権否認、と三重の制約を掲げた日本人に、そうした学問をさせる必要はない、そうした学問は戦勝国・占領国側がやれば良いことで、被占領国の住民がやる必要はないということで、日本の大学での講座を設けることを禁じた。

そうしたことは、何世紀にもわたり戦争を繰り返し、勝ったり負けたりの経験を持つヨーロッパでは、負けて制約を受けても、独立を回復すれば、当然のこととして復活している。

日本は、サンフランシスコ講和条約で翌年、独立を回復したはずなのに、軍事学関係の講座や学会を設けようとすると、「日本国憲法」原理主義の学者の猛攻撃を受けてできない。

（11）日本で、憲法学は極めて政治的な学問である

ヨーロッパの歴史を見ても、専制君主国家ができて、その横暴に絶えかねた人民が立ち上がり、国王に迫って作ったり、その国王を倒して共和制を樹立して作ったのが、憲法だから、憲法は政治的産物ではあるが、制定された以上「法」として遵守しなければ安定性はない。

日本も、明治維新のあと、ヨーロッパのプロイセン帝国憲法を参考に、明治二十二年に、「大日本帝国憲法」を制定したが、高等教育機関として、明治十年に「東京大学」も創立されていた。そして、明治政府は同十九年、「帝国大学令」を制定し、東京帝国大学はじめ、順次、各帝国大学が設立され、その中には、法学部、政治学部、経済学部等々が設置された。

ドイツ法学を受け継いだ日本では、憲法学が法学部の中に設置され、そこでは、大日本帝国憲法の解釈学が中心となった。しかし、日本では政治学部の中にも憲法学が設けられた。政治学の中の憲法学はしぜん立法論・比較憲法論に傾く。戦前・戦時中、政治学部の皇国史観の憲法学者が、法学部の憲法学者を抑えたが、敗戦後、占領軍の指令で政治学部の皇国史観学者が排除されたが、戦後、法学部の憲法学が「日本国憲法」原理主義に偏り硬直化すると、近年では、政治学部の憲法学者が英米法の力も借り、改憲学者として台頭してきている。

（12）日本特有の「憲法学の混乱」が、国会、国民の判断を迷わせている

そこで、この章の結論段階に入ると、上述してきたように、日本では、明治憲法時代に、大学内の、法学部にはドイツ法的な厳格に条文を解釈する憲法学があり、他方、政治学部には立法論的・比較憲法学的な憲法学があり、特に後者には、研究室に畳を敷き、教室では、まず壇上で二礼二拍手してから皇国史観的解釈の講義を始める学者が出て、戦時中はこれが主流となっていた。

しかし、敗戦し、連合国軍総司令部（GHQ）の指令で、そうした皇国史観学者が公職追放され、占領軍が起案した「日本国憲法」が制定されると、占領軍はその批判を許さず、この憲法を忠実に解釈する法学部の学者を主流とした。

この法学部主流の学者は、サンフランシスコ講和条約が締結され、翌年、日本が独立主権国家になることを許されても、改憲の声を挙げず、マッカーサー将軍の間接統治としての占領下憲法を忠実に守る「日本国憲法」原理主義に徹してきた。それが、集団的自衛権も、安全保障法制も、そして自衛隊も違憲とする、多数の学者を産み出してきている。その硬直さに、近年は、大学の政治学部出身の憲法学者が、僅かに合憲論を採っているのが現状である。

(13) 岸信介会長をはじめ、当団体の考え方

昭和三十二年～同三十五年にわたる岸信介内閣は、憲法改正運動だけしていたわけではない。岸総理は、まず戦時中に迷惑をかけたとアジア諸国を歴訪し、アイゼンハワー大統領と交流を深め、ゴルフのあと共に裸でシャワーも浴びている。また、日本経済発展に尽力し、その実績で最低賃金法を実現し、国民年金法も成立させ、オリンピックの誘致にも成功した。

その憲法改正の信念も、独立主権国家とは「自分の国は自分で護る」体制にあることが基本である。日本国憲法は、①陸海空軍の不保持、②武力行使の永久放棄、③国際法上、独立国に認められる交戦権否認、の三本柱であり、これは独立主権国家の体裁ではない。

憲法改正は、最重要な国家的課題だ。そのためには、まず、憲法第九十六条【改正手続】の要件（衆参各議院の総議員の三分の二の賛成による発議）が必要だとして、昭和三十年に奔走して、日本民主党と自由党と参議院緑風会を保守合同させ、自由民主党を結党している。

さらに、岸総理は、国際連合を重視し、国連は、国際紛争が生じた場合、有力主権国家が軍隊を出し合って、紛争の拡大を阻止し、世界平和を守ることにある。その有力な一員となるためにも、第九条改正は必要だとした。日米安保条約改訂は、そのための布石であった。

(14) まず、教育者、学者が、目を覚ましていただきたい

そこで、私から、教育者、学者の方々に切なるお願いがある。

それは、日本国憲法については、初中等教育、すなわち小学校、中学校、高等学校で、その教員・先生方が、それぞれの段階で児童・生徒たちに、日本国憲法について教える機会がおありになる。その時は、ぜひ「現行日本国憲法は、良いことも書いてあるが、問題もある。それは、時代の変化である。戦後、昔の百年が今の十年などと言われたが、いまの世の中は日進月歩、さらにインターネット時代の今は分進秒歩とさえ言われている。今の憲法ができて七十年、その間、諸外国は頻繁に憲法を改正しており、西ドイツでも六十回も改正している。それなのに、日本国憲法は一度も改正されていない、という問題がある。」ということをぜひ付け加えていただきたい。

また、社会の指導者クラスを育てる大学の教授には、先生方の教えで、国会議員になったり、公務員となったり、企業などで枢要な地位につく方が多いのだから、そうした認識に立ち、これまで、私が述べてきたことも参考にして下さり、大学での授業に御配慮をいただきたく、切にお願いする次第である。

三、日本国憲法への歴史と制定後の経過

この書は、国民の皆さんが、いずれ来るべき「憲法改正のための国民投票権を行使する」ときのために、その基礎的な材料を提供をすることを目的とする。

この「国民投票の投票権の行使」は、政党や候補者への投票ではなく、提起された「憲法の条文」を改めるか否かについての判断なので、すでに、まず、「法」なるもののルールについてご説明し、次いで、憲法学者たちがなぜ憲法改正に反対するのか、その理由を明らかにしてきた。

しかし、正しい判断をするには、いま一つ、日本国憲法が制定された歴史的事情と制定されたのちの経過も、認識しておくと、さらに、判断の材料となると思う。

ただ、歴史的経過については、煩わしく思う方もおられるかもしれない。その場合は、この章節を飛ばして、次の「四、今の憲法はなぜ改正されなければならないのでしょう」へ進んでいただいても、良いと思う。

日本国憲法への歴史と制定後の経過

(1) なぜ、近代的な「法」制度が生まれたのか

法哲学上、洋の東西を問わず、性善説と性悪説とがある。性善説は、遠い昔、人間は神のもとで平和な生活を楽しんできた。東洋でも、中国では、大昔「夏」という国があり、人々は平穏な生活をしていたとし、人間をそうした善性に戻すために規律が必要だとする。

他方、性悪説は、大昔でも、人間は、部族間でこん棒をもって殺しあっていただろう。それは、古代遺跡からもそうで、中世になると、国家間で戦争に次ぐ戦争の歴史だ。すべては性悪説を前提にし、その上で、人間の知性によって規制するほかない、と考える。

確かに、ヨーロッパや中東の記録も争いの歴史で、中世には、地域の中の実力者が、土地と住民を囲い込み、「国」として独裁権力を行使する「専制君主国家」が生まれる。

それに絶えかねた住民は結束し、その住民の代表が、専制君主に迫り、住民の人権を侵害しないことを約束する基本的契約を結ぶ。その基本契約書が「憲法」で、こうした憲法に基づいて政治を行うことを、「立憲主義」と言い、もてはやされた時代があった。

（2）近代的国家は、憲法を持つのが当たり前となる

専制君主制の国家で、その専制君主と国民との間の話し合い取り決めで、その君主が国民側の権利を認め、また統治に国民を参加させることを認めた場合は、その国家形態を「立憲君主国家」という。そうした「立憲君主国家」は、いまもヨーロッパに何か国も存在している。

しかし、専制君主が、国民側の人権尊重要求に応じない場合には、専制君主に対する国民の人権闘争となり、国民が立ち上がって、国王の権力を制約する運動を始める。

そして、国民の代表と君主との間で取り決めができない場合には、住民が立ち上がって専制君主を打倒・排除し（例えばフランス革命）、住民の選挙で大統領など指導者を選ぶ「共和制」ないし「民主制」をとる場合がある。

しかし、その場合でも、取り決め文書たる「憲法」を制定して、その指導者が独裁制に移行しないよう、歯止めをかけるためにも、やはり「憲法」を設けるのが一般である。

特に十七世紀以降、ヨーロッパでは、そうした「立憲君主制」あるいは「共和制」が次々と誕生し、「憲法をつくる」のは、近代国家として当たり前、と認識されるにいたる。

(3)「立憲主義」の中身、「三権分立」こそ重要

そうして、ヨーロッパ諸国で、「憲法を制定して、国家を運営する」ことが当たり前となると、次にその内容をどうするかが課題となる。そして、ジョン・ロックやモンテスキューといった思想家が現れ、単に憲法を制定する立憲主義を採ったとしても、君主なり大統領に権力が集中すると、結局、専横・腐敗・弊害が生ずるので、それをさせないために、権力を三つに分けることが考えられる。それが、立法、行政、司法の三権である。

すなわち、選出された議員による議会を設けて法律をつくる立法府、それらの法律に基づいて内閣といった政治を執行する行政府、そして、その立法や行政に当たって疑義が生じたり、国民の生命・身体・財産・権利が不当に侵害されたときに、判断し裁定してもらうための司法府（裁判所）、の三つの権力を分立させるのが、もっとも合理的ではないか、との考えが支配する。

すなわち、十六世紀から二世紀ほどすると、国家という以上、憲法を設ける「立憲主義」は当たり前、で、それ自体、重要な意味を持たず、それよりも、その内包概念たる立法・行政・司法の三権分立の仕組みのあり方が、学問的関心事となっている。

（4）三権分立（立法権、行政権、裁判権）の比重の置き方

「三権分立」は、憲法学では以前は「さんけんぶんりゅう」と呼ぶ習わしがあったが、いまは「ぶんりつ」と発音しても良いとされている。この「三権分立」制の本来からすれば、立法権、行政権、裁判権の三権が、互いに牽制し合いながら、対等に存在しているのが原則と考えられよう。

しかし、世界各国は、それぞれ「立憲主義」の内包概念として、立法、行政、裁判の三権制度を置いているが、この三権の絡み合いは、国によってかなり異なる。それは、三権それぞれの働きが異なるので当然ともいえるが、その国の成り立ち・経緯にもよる。

一般的にいえば、フランスとかアメリカなどの共和国では、比較的にこの三つの権限が独立している。たとえば、大統領の行政権は大きいといっても、予算編成は議会側にあり、裁判所の組織・権限も独立している。

これに対して、ヨーロッパで立憲君主制を採っていた国々は、議院内閣制を採る国が多く、行政府の長が議会から選出されるため、首相の権限が強い。日本の場合も、大日本帝国憲法はヨーロッパの立憲君主国家を参考としており、現行憲法も形式的には立憲君主制である。

(5) 大日本帝国憲法下の三権（立法権、行政権、裁判権）分立制

第二次世界大戦終結前（日本を軍事占領した連合国軍総司令官マッカーサー将軍による統治開始前）の大日本帝国憲法は、明治維新後、日本も欧米並の近代的憲法を創って先進諸外国に追いつくべく、岩倉具視、大久保利通、伊藤博文、木戸孝允らが遣欧米使節団を結成し、一八七一年暮、日本を出発し、二か年近く、欧米を視察し、帰国して大日本帝国憲法の案文を作り、明治天皇の裁可を得て、明治二十二年二月十一日に制定された。

それは結局、当時ヨーロッパで台頭していたプロイセン王国を中心に形成されていたドイツ帝国の憲法（プロイセン憲法）が、天皇家を中心とする日本の制度にもっとも相応しいと判断され、これを参考として創られたものとされている。

つまり、絶対的な「立憲君主制」下の憲法であり、そのために三権分立といっても、君主の下の三権分立なので、日本では、三権とも天皇の下の三権であった。議会も、一般国民の中から選出された衆議院をもうけたが、その上に皇室の中から、あるいは以前の藩主や維新の功労者から選ばれた貴族院議員との二院制を採り、また、裁判所についても「司法」と表示され、あたかも、行政府の一部門のような体裁で、三権分立にかなりの制約があった。

（6）大日本帝国憲法下の日本の興隆と敗戦による清算

日本は、前項に述べた「大日本帝国憲法」の下、法制を整え、経済も発展し、軍備を増強し、日清戦争（日本と清国との戦争、一八九四～一八九五年＝明治二十七～二十八年）に勝利し、その十年後の日露戦争（日本と当時のロシア帝国との戦争、一九〇四～一九〇五年＝明治三十七～三十八年）にも勝利し、一九一〇年（明治四十三年）には朝鮮王国を日本に併合した。

そして、一九三二年（昭和七年）に日本は、辛亥革命によって清朝が倒れ、廃帝となっていた愛新覚羅溥儀を擁立して執政（のち皇帝）とし、中国北東部に、「満州国」の樹立を宣言。さらに、一九三七年（昭和十二年）、北支の盧溝橋にて発生した日本軍と中華民国軍との衝突をきっかけに戦線が拡大し、長期間にわたる支那事変（日支事変）へ突入した。

それは、幕末、欧米先進国からの蒸気戦艦の到来で、このままでは植民地にされてしまうと危惧した志士たちが立ち上がり、幕府を倒して新政府を樹立、富国強兵に務めた日本が、アジアで唯一、植民地化を免れたが、アジア地域で、欧米の植民地政策を踏襲した結果となった。

そして、ヨーロッパで台頭した軍国主義・独裁主義のドイツ、イタリアと三国同盟を結び、イギリス、アメリカをはじめとする連合国と対立。結局、大敗戦を喫したわけである。

（7）現行「日本国憲法」成立の経緯

一九四五年（昭和二十年）八月十五日、日本は、昭和天皇の御聖断で、連合国がポツダム宣言で提示した日本降伏の条件を受入れることを通告した。その結果、マッカーサー将軍が厚木飛行場へ降り、九月二日には、東京湾に停泊したアメリカの戦艦ミズーリ号上にて降伏文書の調印が行われ、日本は独立国としての地位を失い、連合国による日本占領が、正式に始まった。

マッカーサー将軍は、連合国軍総司令部（ＧＨＱ）を東京に置き、連合国軍総司令官として、日本国の統治にあたった。ただマッカーサー将軍は日本との開戦前の一九三五年（昭和十年）から、その植民地フィリピンの軍政官を六年にわたり務め、日本の国情も研究していたので、日本統治に当たり、天皇制を廃止した場合は、庶民までも立ち上がることだろうから、直接統治は困難と判断し、天皇制を残し、議会や内閣の存置も認め、その上に立つ間接統治を行った。

ただ、大日本帝国憲法の存続は許さず、早くも十月四日には、新憲法の制定を近衛文麿公爵に要求している。日本側もいくつか新憲法案を出したが、容認せず、遂にＧＨＱの職員に命じて作ったいわゆる「マッカーサー憲法」を基本として、占領下の国会にて、その大筋を受け入れざるを得なかった。これが、日本国憲法が存在する経緯である。

（8）現行日本国憲法下の三権分立

なお、前項に付け加えれば、日本が降伏したあと、アメリカ、イギリス、ソ連、中華民国の戦勝国の本国側では、日本の統治のため、「極東委員会」なる組織を作り、それが動きはじめていたが、そこでは、天皇制廃止の方針という情報が入っていたので、日本側も、マッカーサー将軍が連合国軍総司令官の権限で、天皇制を認めてくれたことに感謝し、極東委員会が口を出す前に、「マッカーサー憲法」を受け入れた、という経緯もある。

こうして、マッカーサーの日本統治は、天皇制維持を唯一の希望として降伏した日本を納得させるものであり、しかも、提示した「マッカーサー憲法」は、形式的にも、大日本帝国憲法と同様、立憲君主制の体裁を採り、さらに、立法（国会）、行政（内閣）、司法（裁判所）という、近代法としての「三権分立」制まで認めてくれた点で、日本側は感謝した。

しかし、その実質は、国民主権主義、基本的人権尊重主義、自由主義を高らかに謳い、その「三権」も、前述の大日本帝国憲法下の「君主の下の三権」ではなく、アメリカ憲法的な独立的「三権分立」であった。その点では、この「マッカーサー憲法」を押しつけ憲法として嫌悪する見解もあるが、マッカーサー将軍の日本占領政策は、学問的には、評価されている。

（9）日本を統治したマッカーサー将軍の真意

しかし、マッカーサー将軍の日本占領政策は、もちろん善意ばかりとは言えない。彼は、一九三五年（昭和十年）から、アメリカの植民地フィリピンに軍政官として、フィリピンを統治していたところ、一九四一年（昭和十六年）十二月、突如、日本軍が攻め込んで来たため、応戦するもかなわず、コレヒドールから「私は、必ず帰ってくる」との言葉を残し脱出。以降、連合軍の総指揮官として、四年にわたり日本軍と戦い、態勢を挽回し苦労して勝利した上での、日本の占領・統治である。

マッカーサーとしても、数カ月前までは殺しあった敵であり、東京裁判でも分かるように、仕返し的な感情は強かったと思われるが、日本の統治を成功させるために、天皇制を残し、三権分立を認める憲法をも制定させた、と考えられる。連合国軍総司令部（ＧＨＱ）起案の「日本国憲法」についても、彼は、日本降伏の翌年一九四六年（昭和二十一年）一月に来日した、戦勝国の政府よりなる「極東委員会」代表と会見した際、「憲法改正について、なにが行われるにせよ、できあがった文書は日本人の作成による、と日本人に考えさせる方策をとるべきである」と語った（同月三十日）とされる。

(10) 第九条【戦争放棄】規定の問題 その一

日本国憲法で、特に問題になるのは、第九条【戦争放棄】規定であるが、これについては、平和憲法の象徴として賛美する声もあるが、逆に日本を無力化させるための「押しつけ憲法」の象徴として攻撃する声もある。

この問題に対し、私は、マッカーサーとしては、再び日本が軍備を増強してアメリカに歯向うことはさせないという意図もあっただろうが、一九四五年(昭和二十年)春には、日本の同盟国イタリアとドイツの敗色は濃厚となり、連合国は、戦後体制として「国際連合」構想を進め、六月二十六日、サンフランシスコにおいてその「国際連合憲章」に署名している。

その当時の情況は、連合国側の完全勝利となり、連合国の結束で「国際連合」も結成されたので、その憲章の前文でも窺えるように「絶対平和の時代到来」という認識であった。そして八月には最後の日本も降伏し、マッカーサーによる日本統治も順調に進んでいる。

マッカーサーは、そうした認識のもと、占領下の日本に新憲法案を提示したので、その前文には、国際連合憲章の趣旨が盛り込まれており、これからは戦争が無くなるのだからとして、条文の中に、九条として「戦争放棄」規定をおいた、と考えられる。

(11) 第九条【戦争放棄】規定の問題 その二

また、マッカーサーは前述のように、大東亜戦争勃発前の六年間、アメリカの植民地フィリピンの軍政官であったが、アメリカは、植民地ではあるが、いずれ独立させて日本への防波堤とするべく、軍隊を創設する用意を進めていたが、マッカーサーはそのため、軍政官と同時に創られるべきフィリピン軍の元帥を名乗っていた。

その準備のためもあり、アメリカは、植民地フィリピンに憲法を持たせていた。それを、「フィリピン・コモンウェルス憲法」というが、その第二章三節には「フィリピンは、国策遂行の手段としての戦争を放棄し、一般に承認された国際法の諸原則を国内法の一部として採用する。」とある。

植民地や属国を持つ独立主権国家たる宗主国は、憲法を持つことを許しても、現地人による反抗・反乱が起こるのを恐れ、陸海空軍など軍隊はもちろん、他国と戦争をする交戦権も外交権も認めない。それは、独立主権国家たる宗主国の仕事だからである。

日本を統治したマッカーサーが、占領下の日本に憲法を許したが、戦争放棄の第九条を置いたのは、彼が、統治していた植民地のフィリピン憲法を、参考にしたと見ることができる。

(12) マッカーサー将軍の思惑違い

(11) に述べたように、マッカーサーが、占領下の日本に、憲法改正を要求してきた意図が、国際連合が創設され、世界に紛争が生じても、アメリカ、イギリス、ソビエト、中華民国を中心とする連合国が、制圧する組織ができたので、向後は、大きな戦争もない、恒久平和の時代が到来したとの認識のもとで、「戦争放棄」の日本国憲法が創られたとした場合。

しかし、その日本国憲法が、占領下の国内で施行(効力を発効)された昭和二十二年五月ともなると、世界は、アメリカ・イギリスとソビエトとの対立・冷戦が始まり、中国大陸では蒋介石の中華民国と毛沢東の中国共産党との対立が激化し(のち、後者が中国を制圧)、しかも、国際連合の前記四つの主要国に拒否権が付与されていたため、国際連合が理想どおりには、機能しなくなってきた。

そして、一九五〇年(昭和二十五年)には、朝鮮半島で、北朝鮮が韓国を攻撃、そのためマッカーサー将軍は駐留米軍を率いて、朝鮮半島へ出撃、共産中国も参戦してきて、朝鮮半島は、アメリカ陣営とソビエト陣営との激戦の場に変じた。朝鮮戦争は、その後、なんとか三十八度線を境に停戦したが、アメリカ陣営側と北朝鮮・中国陣営の対立は続いている。

(13) 独立を回復した日本国

朝鮮戦争が始まると、マッカーサー将軍は、在日米軍を率いて朝鮮半島に出撃したが、そのため、日本国内の治安が不十分になることをおそれ、占領下の日本政府へ、警察予備隊を創設することを要請してきた。

当時の吉田茂内閣は、これを承知し、警察予備隊を創設し日本の治安に当たる。その後、マッカーサー将軍は、トルーマン米大統領に原子爆弾の使用を要請したことから解任され、代わりに、リッジウェイ将軍が就任し、日本統治も、同将軍が担当する。朝鮮戦争は、昭和二十八年七月に休戦となる。

当時の吉田総理は、朝鮮半島での戦火に危機感を抱き、そのためにまずは、日本の独立が必要と考え、アメリカに働きかけた。アメリカ側も日本を独立させて友好国とする必要を感じていたので、両者の利害は一致し、一九五一年(昭和二十六年)九月八日、サンフランシスコにおいて、連合国と日本との対日講和条約が締結され、翌年の四月二十八日に効力が発効し、国際的に日本は占領を脱し、独立を回復した。そして、吉田総理は、独立国と認められた以上、自分の国を自分で守る体制が必要とし、警察予備隊を保安隊に格上げした。

(14) 吉田茂総理も、日本の安全保障について十分考えていた

現代では一般に、吉田茂総理は、終始一貫して、敗戦後の日本を復興するため、経済再建に尽力されたのに対して、のちの岸信介総理は、もっぱら日本国憲法改正を唱え、国民の反対を押し切って日米安全保障条約改正をした、というように、両者は対立的・対比的に認識されている。しかし、これは、誤った認識である。

吉田茂総理（昭和二十一年五月〜同二十三年五月の第一次のあと、昭和二十三年十月〜同二十九年十二月まで第五次にわたる総理）は、戦後疲弊した日本経済を建て直しに尽力したが、日本の安全保障対策を忘れてはいなかった。すでに触れたように、昭和二十五年六月二十五日、朝鮮戦争が勃発すると、マッカーサー将軍は、在日米軍を率いて朝鮮半島に出兵するに当たり、吉田総理に日本の治安を維持するため、警察予備隊（七万五千人）の創設と既設の海上保安庁へ八千人増員を指示した。吉田総理は即座にこれに応じている。

次いで、アメリカのトルーマン大統領と話し、昭和二十六年九月八日、サンフランシスコにおいて対日講和条約を締結したが、そのあと、吉田茂は、国内の反対に配慮して一人、出向いて、日本を防衛してもらうための「日米安全保障条約」に、一人で署名している。

(15) 吉田茂総理も、憲法改正について十分考えていた

続いて、吉田茂総理は、翌昭和二十七年一月三十一日の衆議院予算委員会で、「十月には、警察予備隊を切替え、防衛隊を新設する」と言明。続いて、三月六日の同委員会において「自衛のための戦力は違憲にあらず」と表明。同年八月四日、吉田茂は、兼任する保安庁長官として、庁幹部を集め「新国軍の土台たれ」と訓示している。

そして昭和二十九年三月八日、第五次吉田内閣のもと、防衛庁設置法案と自衛隊法案が成立し、保安隊は「自衛隊」となった。

私は、既述のように、のちに岸信介元総理が創設された四団体の執行を仰せつかり、いろいろと当時の事情を承る機会があった。それによると、前記サンフランシスコ講和条約を締結したあと、当時の心ある為政者の考えは共通であったという。それは、次は、国連に加盟することだが、国連憲章では、世界の紛争が拡大しないよう、加盟国が武力を提供して阻止するのが国連だ。しかし、日本は憲法で武力を放棄している。加盟国となるためには、なんとしても日本国憲法を改正しなければならない、と考えていたという。これは、吉田茂内閣の重鎮であった増田甲子七元官房長官や木村篤太郎元法務総裁の話である。

(16) 吉田茂総理と岸信介は、憲法改正の必要性で一致していた

前記のサンフランシスコ講和条約が調印され、それが、昭和二十七年四月二十八日に発効した当時の岸信介は、連合国による「東京裁判」では、無罪ではなく、不起訴となって釈放されたが、昭和二十二年十二月二十八日、公職に関する就職禁止の指令により、公職に付けなかった。しかし、講和条約発効の右四月二十八日、この指定を解除された。

そこで、岸信介は、それを見込んで同志を集め設立してあった政治団体「日本再建連盟」の会長となり、同年十月一日の総選挙に立候補するが、同志十六人とも落選。

しかし、翌昭和二十八年四月二十四日、「吉田総理のバカヤロー発言にともなう」解散総選挙で、すでに吉田茂総理の信頼厚い弟の佐藤栄作が、本人に内緒で自由党に入党手続をしてあったこともあり、当選していた。

岸信介は、吉田茂総理のところへ当選の挨拶に行き、吉田茂総理に「日本を本当の独立国とするためには、いまの憲法を改正しなければならない」と信念を披瀝すると、吉田さんは、「君の信念、考え方は先刻承知している。その上で君に自由党憲法調査会の会長をお願いしたのだから、存分にやってもらいたい」と応えている。そして、岸信介は翌昭和二十九年三月十二日、初代憲法調査会長として、憲法調査会の発会式を行っている。

(17) 岸信介総理の「憲法改正への熱意」と「国連第一主義の考え」

岸信介総理の「憲法改正への基本的考え方」を収録しておく。

イ、独立主権国家の条件は、「自分の国は、自分で守る」という体制を持つことである。

しかし、連合軍の占領下にできた日本国憲法は、その第九条に、①陸海空軍の不保持、②武力行使の永久放棄、③(独立国には認められる)交戦権の否認、という三重の制約を課されている。これでは、独立主権国家とはいえない。

サンフランシスコ講和条約で、日本が独立主権国家となることを許され、昭和二十七年四月二十八日にその効力が発生したのだから、独立主権国家に相応しく改正すべきだ。

ロ、日本は、非独立・属国的な第九条を改正して、独立主権国家として陸海空軍などの軍備を持ち、その上で、基本的人権尊重主義、国民主権主義、平和主義、を追求する。

ハ、加盟国が武力を提供して国際紛争の拡大を防ぐ「国際連合」(国連)に加盟し、その有力な一員として、国際平和に務める。

ニ、非武装では、アメリカにお願いして守ってもらうほかない。国防軍をつくり、米軍基地を返還、せめて協同管理すべきで、その布石のための日米安保条約の改訂であった。

(18) 日本国憲法が改正できない原因

前記のように、岸信介総理は、サンフランシスコ講和条約によって、独立主権国家となることを許された以上、西ドイツがその基本法を改正して再軍備したように、日本も再軍備して、独立主権国家の体裁を整え、アメリカはじめ連合国と対等の立場を回復した上で、基本的人権尊重主義・平和主義を追求することを考えていた。しかし、野党の反対で、第九十六条（改正手続）の条件を充たすことができないので、かつて吉田総理が締結した「日米安全保障条約」がアメリカが一方的に日本を守るという内容であったので、それでは、非独立・属国のままであると考え、アイゼンハワー大統領と話し合い、同大統領ももっともだとして、相互防衛という対等の形に「日米安全保障条約」を改訂したのである。

しかし、そうした岸信介総理の高い志を理解しない人々の反対により、そしてデモ隊の中の女子学生が圧死したことにより、けじめを大事にする岸信介総理は捲土重来を期し退陣した。

しかし、この退陣は、その後の政治にマイナスの影響を残した。その後、政権を担当した人は、自分の政権が長きことのみ考え、岸総理の轍を踏まないようにと、積極的に憲法改正に声を挙げる人材は、現れなくなったのである。

(19) 政教分離の大原則を忘れた日本の政界　その一

さらに、もう一つ、憲法改正ができない原因がある。それは、日本の政界では、政教分離の大原則についての認識がないことである。ヨーロッパでは、カソリックとプロテスタントの宗教対立から、政治に宗教を持ち込む弊害を痛感し、政教分離を大原則とした。中東では、いまなお、宗教国家があり、それは地域性として一概に非難できないが、近代国家では原則である。

日本は、敗戦前の大日本帝国憲法では、西欧近代国家に習い、その第二十八条で一応「信教の自由」は置いたが、「日本臣民ハ安寧秩序ヲ妨ケス臣民タルノ義務ニ背カサル限」という条件が置かれたため、神道が中心で、特に新興宗教は弾圧されがちであった。

しかし、日本国憲法制定後、「信教の自由」は絶対なものとして保障されている（第二十条）。そして、戦後社会では、沢山の宗教法人ができた。そして、政治に関与し出した。たとえば、戦前にできた神道系宗教は、現憲法無効・明治憲法復元を教義としがちで、これに対して戦後宗教は、「信教の自由」絶対の現行憲法を変えないという原理主義で、両者は対立している。

それは創価学会をバックに持つ公明党と、これに対する旧来の宗教の対立でも明らかである。前者は、現行憲法の改正には基本的に反対で、後者は現行憲法無効、明治憲法復元派が多い。

(20) 政教分離の大原則を忘れた日本の政界　その二

この問題は、私も、昭和五十四年に、岸信介元総理から、「自主憲法」団体の執行を命じられたとき、初めて知った。私は、それ以前、報道で、岸信介会長が昭和四十四年ごろから、一万人大会を武道館などで毎年されていることを知っていたが、実際に執行を命じられてその事務所に入って職員に聞いてみると、岸会長の団体には毎年二百人足らずしか集まらないという。

驚いて、岸会長にお訊ねすると、昭和四十四年に、戦前からある大手宗教団体の教祖から、頼まれ、「自主憲法制定国民会議」の会長を引き受けた。ところが、四～五年して、会いたいとの申し出があったので、面談すると、その教祖が「岸先生は、毎年、憲法大会で、会長挨拶をいただくが、自分が信念とする「現行憲法無効、明治憲法復元」を仰って下さらない、次の大会ではぜひ発言していただきたい」とのことであった。

そこで、岸会長が応えた「あなたの考えは、今の憲法が出来て十年内であれば、可能だが、もはや、今日では出来ない」。すると教祖が言う「どうしてですか」。そこで「数十年もして、『現憲法無効、明治憲法復元』となれば、これまでの立法、行政措置、そして裁判も、無効の憲法の上の判断だとして、再審請求を起こされ、国内は大混乱になる」旨、応えられたという。

(21) 政教分離の大原則を忘れた日本の政界　その三

君は分かるかネ、と聞かれて、私は「私も多少法律の勉強をしましたので、再審請求のことはよく分かります」と応えた。すると岸会長は「私の考えは、合理的合法的改憲だ、このことは忘れないで、やってくれ」と言われ、「必ず、岸会長の路線を守って行きます」と応えた。

その後、数年経って、その教祖様は亡くなられ、あとを継いだ御子息は、明治憲法復元の考えを捨てられ、また政治活動からも撤退された。しかし、その初代教祖様の考えを踏襲した部隊も、なお残っているという。

また、私は、岸信介会長のもと、愛知県で三千人大会をしたが、その時、その地域の宗教団体の方々が沢山来て下さった。そこで、会場入口で当団体の資料を渡そうとすると、「その資料はいらない。私たちは、教祖様から行けと言われたから来たのだ」との返事。その時、信者の方は、教祖様が絶対で、天皇よりも総理よりも、教祖様が偉いのが宗教団体なのだと思った。

したがって、宗教団体をバックとする政党は、教祖様が現行憲法無効・明治憲法復元と言われれば絶対であり、教祖様が現行憲法を改正するなと言われれば、それも絶対であり、それはイデオロギー政党でも、カリスマ的党首の言ったことは、宗教的信念となっていると思う。

(22) 政教分離の大原則を忘れた日本の政界　その四

この問題は、国会議員の方々も、どうするか、考えていただきたい。けだし国会議員の方々を観察すると、政治家の方は、票を求めて、宗教団体に接近するのが、普通だからである。

それは、政治家は、当選しなければ、活躍できないのだから、その心情はよく分かる。分かるだけに、どう解決するか、むずかしい問題である。

宗教団体の教祖となる方々には、この「政教分離の大原則」を御理解していただいて、宗教の本質に立ち返って、信者に対しては、その心の悩み、心の安定を導くことに重点をおき、政治的なからみからは、遠のいていただくほか、ないのではないかと思う。

また、政治家の方々も、この「政教分離の大原則」を認識していただいて、宗教団体に票を期待することを、やめていただくよりほかない、ように思う。

そして、国民のみなさんも、こうした問題があることを認識いただき、来るべき憲法改正のための国民投票にあたっては、他人からいわれたから、というのではなく、ご自分で判断し、自分が納得したか否かで、一票を投じていただきたい。

それが、本書を書いた私の切なる願いである。

(23) 七十余年、一度も改正しないことを、心から憂える

私としては、既述したように、「法」は、制定した時点で、静止してしまう。ところが、時勢は、戦前でも「昔の百年は、いまの十年」と言われたものだが、戦後の時勢のスピードは早い。そのスピードは、ひところ日進月歩と言われたが、ＩＴ時代の現代では、分進秒歩とさえ言われる。

諸外国は、そうした時勢の進化に併せて、この七十年余、数十回も憲法を改正しているのに、日本だけが、この間、一度も改正していない。明治維新後の「大日本帝国憲法」は、明治二十二年二月十一日に施行されたが、一度も改正されないまま、昭和二十年八月、五十五年ほどで破綻した。

現行日本国憲法は、昭和二十二年五月三日に施行されて、今日まで、七十年以上、一度も改正されていない。このままでは、いずれ大破綻するのではないか、と心配である。

日本と同じ敗戦国で、やはり、連合軍からその憲法を変えさせられた西ドイツでは、この七十年間になんと六十回も改正している。西ドイツに詳しい人に聞いたところ、西ドイツでは、憲法の条項が時勢に合わないことを発見すると、与野党問わず、声を挙げるという。

四、今の憲法はなぜ改正されなければならないのか

この章は、現行日本国憲法について、次の五つに分けて構成してある。
（1）長年にわたって、憲法を修改正しないことの弊害について
（2）成立上の欠陥について
（3）形式上の欠陥について
（4）内容上の欠陥については、それこそ無数にある
（5）憲法改正問題を取り扱うルールについて

当「自主憲法」の団体は、岸信介元総理を会長として昭和四十四年に設立されたが、内部に「自主憲法研究会」を置いて、本格的に改憲学の勉強をはじめたのは、岸元総理が国会議員を引退する決意を表明したあとの昭和五十四年からである。

岸信介会長は、第九十六条【憲法改正手続】の中に、国民投票規定があることを十分に認識しておられ、国民の皆さまに分かりやすい提案をするようにとの指示。そこでこの章は、小冊子として、昭和六十一年に発行された。（改憲数のみ補正）

（1）長年にわたって、憲法を修正しないことの弊害について

①　昔の百年が今の十年にも満たないと言われるほど、時代の進運著しい現代、世界各国とも、憲法はその時代時代の国民のためにあり、制定時の国民が後代の国民を縛ってはならないとの認識のもとに、次第に改正条件を緩めて、例えば、この七十一年間に西ドイツ六十回、イタリア十五回などというように（判例を重視する英米法に立つ米国でさえ、この間に六回改正）、むしろ文明国ほどその憲法を改新、または修正している。

②　わが国は、この戦後七十一年間、憲法を改正していない、世界でただ一つの国である。現憲法には、後でふれるように当初からの欠陥もあり、またその後の内外情勢の激変から、現実に合わない箇所も多く、その弊害が随所に現れてきている。政府は国会対策上、そうした矛盾を「解釈で補う」東洋的便法で処理してきているが、こうした便法も限界に達しており、さらには政府自ら拡張解釈や便法を講ずるために、国民の法を尊ぶ気持ちが失われ、脱法・違法行為を誘発するなど、社会秩序や倫理感を混乱させる原因となっていること

は、誠に憂慮すべきことと言わねばならない。

(2) 成立上の欠陥について

① 他国を占領中に、その国の憲法を改変することは国際法違反である。なぜなら既に一八〇〇年代当初以降、ヨーロッパ大陸では、何度となく戦争が繰り返され、勝ったり負けたりした結果、占領中に敗戦国の憲法を改変することの不当性が痛感されるに至り、一九〇七年、ヨーロッパ各国はオランダのハーグで国際平和会議を開いて、「陸戦ノ法規慣例ニ関スル条約」を締結したが、特にその第四十三条に「……占領者は、絶対的な支障のないかぎり、占領地の現行法律を尊重」すべきことを謳った。数年後、日米両国もこれに参加し批准公布している。この条項は、とりわけ一般法令の基本である憲法については、占領中に改変してはならないものと解釈されてきた。

② そして、右に記したハーグ条約の趣旨から、第二次大戦後の一九四六年十月制定のフラン

ス第四共和国憲法は、その第九十四条で「本国領土の全部または一部が、外国軍隊の占領下にある場合は、いかなる改正手続きにも着手、または遂行することができない」と規定している。

また、この国際慣行は敗戦国のイタリア、ドイツにも適用され、イタリアが新憲法を制定したのはパリ平和条約調印後六ヵ月経ってからであり、西ドイツは連合軍の執ような憲法改正要求に対し、占領下にあること、東西に分割されたことなどを理由として、憲法とはせずに「ドイツ連邦共和国基本法」という名称にとどめ、しかもその第百四十六条で、この基本法は「ドイツ国民が自由な意志で決定した憲法が施行される日に効力を失う」と規定している。

③ ところが連合国は、こと日本についてだけは、占領中それも早い時期に、憲法をあえて改変させた。したがって「占領中制定された憲法は、国民の自由なる意志によるものではない」とする国際認識からすると、現日本国憲法は成立過程に重大な疑義があると言わなければならない。少なくともサンフランシスコ平和条約締結後（つまり独立後）に国民投票にか

け、国民の自由意志を確認すべきであり、それをしない間は、現憲法は「国民の認知を受けていない憲法」と言われても仕方がない。

(3) 形式上の欠陥について

① 現憲法は、占領軍が作成した英文の原案をほぼそのまま翻訳して、短期間に作られたという経過から、翻訳調で日本文ではないという批判のほか、法律用語の使用法の誤りが、実に十九か条、二十八か所にも及んでいる。例えば「可決」としなければいけないところを「議決」としたり、「否認」とすべきところを「放棄」としたり、「予算」と「予算案」との使いかたを取り違えたりで、厳格であるべき法律用語の使いかたが余りにも混乱している(詳細は、次の「法律用語の誤り」をご覧ください)。

● 現憲法に二十八か所もある法律用語の誤り

(上段傍線の部分が誤りの箇所、下段傍線の部分が正しい用語)

第　二　条　……国会の議決した　⇩　……国会の可決した
第　八　条　……国会の議決に　⇩　……国会の可決に
第　九　条（章頭の）戦争の放棄　⇩　戦争の否認（※1）
〃　①……これを放棄する　⇩　……これを否認する
第十一条　……基本的人権は…与えられる　⇩　……権利である（※2）
第五十五条　……議決を必要とする　⇩　……可決を必要とする（※3）
第五十六条②両議院の議事は……過半数でこれを決し　⇩　両議院は……過半数で議決し
第五十七条①……多数で議決したときは　⇩　……多数で可決したときは
第五十八条②……多数による議決を　⇩　……多数による可決を
第六十条①予算は　⇩　予算案は
〃　②……可決した予算を　⇩　……可決した予算案を
〃　②……衆議院の議決を　⇩　……衆議院の可決を
〃　②……国会の議決とする　⇩　……国会の可決とする
第六十七条①……国会の議決で　⇩　……国会の可決で

第六十七条②……指名の議決をした後　⇩　……指名の可決をした後
〃　②……衆議院の議決を　⇩　……衆議院の可決を
〃　②……国会の議決とする　⇩　……国会の可決とする
第六十九条　……不信任の決議案を可決し　⇩　……不信任の議決案を可決し
〃　……信任の決議案を　⇩　……信任の議決案を
第七十三条⑤予算を作成して　⇩　予算案を作成して
第八十三条　……国会の議決に基いて　⇩　国会の可決に基いて
第八十五条　……国会の議決に基く　⇩　……国会の可決に基く
第八十六条　……予算を作成し　⇩　……予算案を作成し
第八十七条①……予算の不足に　⇩　……予算の費目又は費目の金額の不足に
〃　①……国会の議決に　⇩　……国会の可決に
第八十八条　……予算に計上して　⇩　……予算案に計上して
第九十条①……収入支出の決算は　⇩　……収入支出の決算案は
第九十七条　……永久の権利として信託　⇩　……永久の権利である

※1放棄は、法による正当な権利を捨てること、否認は正当な権利あるなしにかかわらず認めないこと。侵略戦争は正当な権利とはいえないから、放棄ではなく「否認」が正しい。他国の憲法も、戦争放棄ではなく、戦争否認といっている。

※2第十一条（与えられる）と、第九十七条（信託された）の矛盾による誤り。

※3議決は、可決と否決の両場合を含む用語故に、国会の承認を前提とする用語としては「可決」か、または「決議」という用語を使うべきである。

※　この正誤資料は法律家三浦光保氏が、長年にわたって研究されたものである。

② 現憲法が、制定以来七十一年も無修正の間に、国により国語の用字・用語の表記が何度か改訂された結果、今の学校教育を受けた者からすると、現在の憲法には実に百か所以上も誤りがあり、戦後の教育を受けた人は、現行憲法が楽には読めない。読んでも用語上の誤りが沢山あると感じられて学校教育上問題があるばかりか、憲法の条文になじみにくくさせ、憲法の権威を軽んじさせる結果になっている。

③　憲法第九条戦争放棄規定は、高遠な理想主義に偏り現実的でないというだけではなく、当時の資料からすると、日本に軍備を持たせまいとする、連合国の方針に基づくことも明らかであり、日本国の安全は「諸国民の公正と信義に信頼」（前文）すれば良いとされた。これはマッカーサーが、植民地であるフィリピンを久しく統治した際、かの国に「憲法」を置くことは認めつつも、軍事権や外交権はアメリカが掌握していたのと似ている。だから学問上、当時のフィリピン形態は半独立国と呼ばれている。

現憲法が、諸外国の憲法には必ずある「国家の緊急事態に対処する諸規定」を持たないことも、戦争放棄規定と併せ、国家の安全と軍事権をアメリカ等に委ねたとみられ、現憲法は「半独立国の憲法」と言われても仕方のない体裁、と申さなければならない。

（４）内容上の欠陥については、それこそ無数にある

①　憲法第三章「国民の権利義務」の各条項は、余りに「個人の権利」を強調するのに急で、その反面としての家族・他人・社会・国家に対する和合性とか協調性、義務感に欠けてい

る。それが教育の場にも反映している。例えば、中学校の公民教科書について、主要七社のものを見ると、権利に関する記述はそれぞれ二十頁以上もあるのに対し、義務に関する記述は一頁にも満たず、たった数行にしかすぎない。こうしたことが国民に、自分の気持ちの赴くままに勝手な言動をすることが「当然の権利」であるかのように思い違いをさせ、自己中心的・独善的観念に支配される結果を招き、毎日の報道に現れているような校内暴力・いじめ・冷酷殺人・誘拐などの異常事件を続発させている。こうした民族の精神異常を是正するには、近代憲法の範とされたドイツのワイマール憲法に見られるように、条文の第一項に権利について規定したら、その第二項には反面としての義務の規定を置いて、国民に権利と義務とは盾の両面であることを自覚せしめるべきである。

② 憲法第八十九条は、公金その他の公の財産を、宗教や公の支配に属せぬ慈善・博愛事業に支出・提供してはならぬ旨を定めているが、しかし、私立大学は経営難で、以前から膨大な助成金を国庫から貰っているのが実状である。国は助成金総額を私学振興財団に出し、この財団が各私立大学に配分していることと、助成金を出した私立学校を国が監督しているか

ら、「公の支配に属する」として合憲だと解釈しているが、間に私学振興財団というワンクッションを置いたからといって、違憲の疑いは免れられない。また、国が監督するから、公の支配に属するというのも、私立学校の精神と矛盾する。さらに、このワンクッションを置く便法のため、多少とも教育や慈善・博愛に関係する団体から同じような方式で自分達にも助成金を出して欲しいと要求されると、断りようもなくなって、いきおい様々な公法人が作られて、不明瞭な助成金がばらまかれる原因ともなる。こうした弊害を是正するには、第八十九条の見直しが必要であり、少なくとも本条からは「教育」を削除すべきである。

③　議論の的になっている第九条については、どう解釈し、どう改めるかに先立ち考えなければならないのは、同条項の各部分の解釈、ならびにそれをどう組み合わせるかについて、学者の見解がそれこそ学者の数ほどに分かれているということである（一般に十八通りはある、といわれている）。

しかし、憲法の条文は国家の基本法であるだけに、本来は小学校の高学年程度の学力で素直に分かるものでなければならない。日本政府は「解釈で補って」自衛戦力は持てるとしているが、他国の憲法にはハッキリ定められている「軍隊の最高指揮権」などの規定もない現憲法では、やはり、疑義が残るというもので、法治主義の建前からも法文は明確であって欲しいと思う。

政府自らが、憲法の条文を解釈で補ったり、便法を講ずることは、国民に法を尊ぶ気持ちを失わせ、脱法行為を助長させる原因となっている。

(5) 憲法改正問題を取り扱うルールについて

① 日本はこれまで、憲法を国民自身の手で修改正した経験がないせいか、改憲論議をするに当たってのルールを知らず、そのため徒らに混乱を引き起こしているといえる。すなわち、文明諸国では法治主義の一環として、既に法として成立している現行法規を守るということと、それを守りつつも、その改正を立法論として論ずることとは、厳然区別されているが、日本ではこの認識がない。たとえば、かつての稲葉法相・奥野法相にせよ、栗栖・竹田両統幕議長にせよ、在任中に憲法や法令に違反したり、違反行為に出るといった訳では全くなく、現憲法体制を忠実に執行しつつ、将来の立法論として改憲を考えるべき時期に来てい

る、と言ったにすぎないのだから、両者を区別する文明諸国の認識からすれば、本来、何ら問題となることではない発言である。

② また、欧米諸国では、言論の自由の範囲内か、それを越えて違法な行動に出たかを厳格に区別するが、日本ではこの認識がないために徒らに混乱している。たとえば、前にふれた奥野法相、栗栖・竹田両統幕議長の場合も、言論段階を越えて違法行動に出た訳では全くないのだから、自由主義先進諸国では問題にもならない。

一般に日本では、「平和憲法」といった抽象的な言葉の語感に酔う者が多く、また、考え方もワンパターンのようだ。つまり、憲法改正というと、すぐ第九条改正―再軍備―徴兵制―軍国主義復活―戦争といった認識に走りがちだが、現憲法には既に述べたような、さまざまな問題点があるのだから、改憲論議も合理的に掘り下げて考えて欲しいものである。

③ なお、日本では、野党が政府・与党に草案を提出させ、それを叩こうとの構えだが、文明諸国ではそのようなやり方はしない。法治主義の立場から、憲法の条文が現実と合わなくなったという点での認識があれば、与野党、あるいは学識経験者も参加して、検討委員会な

いしは起草委員会などを設けて、まず同じテーブルについて討議し、さらに改憲会議とか制憲議会へと発展させていくのが、文明国の良識あるルールとされていることも、この際ぜひ知っていいただきたい。

日本の場合も、文明諸国にならって、与野党が同じテーブルに着いてもらいたいものである。昔の百年が今の十年にも充たないと言われるほど時勢の進運著しい現代、世界各国は十九世紀後半以降「憲法はその時どきの国民のためにある。制定時の国民が後代の国民を縛ってはいけない」という認識の下、時勢に応じてしばしば憲法の修改正を行っている。

現日本国憲法は、上述のように現実と合わない個所が沢山ある。今こそ憲法を改めて時代を刷新するべきである。

五、現憲法のどこを、どう改めるか

この章は、岸信介会長の指示で、昭和五十四年秋からはじめた「自主憲法期成議員同盟」「自主憲法制定国民会議」、そして「改憲派憲法学者」の三者協同による「自主憲法研究会」において、検討し、改憲すべきだとした改正個所二十五項目ほどを選び、小冊子に編集し（編集発行は清原淳平、当時の事務局長）、昭和五十八年五月三日の「自主憲法制定国民大会」にて発表・配付したものを、ここに、転載した。

当「自主憲法」は、その後も前記三者により、沢山の憲法改正案をつくり、国民大会で発表してきている。特に、平成十年ごろから、全面改正案、すなわち、全体に矛盾しないよう整合性を整えた改正案を、第一次、第二次、第三次と、三度にわたり発表している。しかし、それは、かなりの枚数になるし、本書は国民の皆さんへの啓発書であるので、昭和五十八年に発行した小冊子を、転載することにした。これを発行したとき、存命の岸信介会長が、大層喜ばれた思い出の書だからである。

▼改正点（一）……第一条

●現憲法の条項

第一条【天皇の地位・国民主権】天皇は、日本国の象徴であり日本国民統合の象徴であって、この地位は、主権の存する日本国民の総意に基く。

現状では、日本国の対外代表者（すなわち国家元首）が誰であるかについて明記がないため、憲法解釈上、対立がある（天皇説、内閣説、内閣総理大臣説等）。

このような対立を排除するために、天皇が日本国を対外的に代表することを明らかにすべきである。そこで憲法第一章第一条を、次のように改めることを提案する。

案一

第一条　天皇は、日本国民統合の象徴であり、外国に対し日本国を代表する。この地位は主権の存する日本国民の総意に基く。

案二

第一条　天皇は、日本国の元首であり、日本国民統合の象徴であって、この地位は、主権の存する日本国民の総意に基く。

●コメント

「元首」という表現を用いるか用いないかは問題である。「元首」とは、今日、一国の対外代表者のことであるが、わが国においては「統治権の総攬者」といったイメージが強いため、このような表現を用いることには抵抗があるかもしれない。

▼改正点（二）……第三条および第七条

●現憲法の条項

第三条【天皇の国事行為に対する内閣の助言と承認】天皇の国事に関するすべての行為には、内閣の助言と承認を必要とし、内閣が、その責任を負ふ。

第七条【天皇の国事行為】天皇は、内閣の助言と承認により、国民のために、左の国事に関する行為を行ふ。

天皇の国事行為には、内閣の「助言と承認」が必要とされているが、「助言と承認」という表現では、助言の閣議決定と承認の閣議決定（つまり二度の閣議決定）が必要である、という解釈が生まれる余地がある。このような余地をなくすために「助言と承認」を「助言」に改めるべきである。

案

第三条　天皇の国事に関するすべての行為には、内閣の助言を必要とし、内閣が、その責任を負う。

第七条　天皇は、内閣の助言により、国民のために、左の国事に関する行為を行う。

●コメント

天皇の政治的無答責、すなわち、天皇の国事行為について内閣がその責任を負うことをあらわすには、単に「助言」という表現を以て足りるであろう。〝苫米地事件〟の再発を防ぐためにも「承認」という文字は削除すべきである。なお現行の規定は、第三条、第七条それぞれ末尾が「負ふ」「行ふ」となっているが、これらも同時に現代かなづかいに改めて、それぞれ「負う」「行う」とすべきである。

＊（註）**苫米地事件**――昭和二十八年八月二十八日の、吉田首相の「バカヤロー」発言に起因する解散につき、野党の苫米地義三氏が、憲法第七条による解散は許されない。また、憲法第七条の天皇の国事行為による解散が許されるとしても、内閣の「助言と承認」が必要であるのに、助言しかなかったから解散は無効であるとして、

裁判所へ提訴した。第一審、第二審とも、第七条を含む内閣の広い解散権を認め、「助言と承認」もいずれか一方があればよいとしたが、最高裁は「統治行為論」を根拠に、司法権の判断のらち外であるとした。

▼改正点（三）……第九条

●現憲法の条項

第九条【戦争の放棄、軍備及び交戦権の否認】

① 日本国民は、正義と秩序を基調とする国際平和を誠実に希求し、国権の発動たる戦争と、武力による威嚇又は武力の行使は、国際紛争を解決する手段としては、永久にこれを放棄する。

② 前項の目的を達するため、陸海空軍その他の戦力は、これを保持しない。国の交戦権は、これを認めない。

現状では、自衛隊違憲論も成り立ちうることは、周知のごとくである。そこで、そのような余地をなくし、自衛隊を明らかに合憲的な存在とするよう改めることが必要である。ただし、現憲法の「平和主義」の原理そのものには、手をふれないことが望ましいように思う。

案　一……解釈規定を第三項に置く。

第九条第三項　前二項は、日本国の独立と安全を防衛し、国民の基本的人権を守護することを目的とし、必要な実力（または武力）を保持し、これを行使することを妨げるものではない。

案　二……第二項を削除し、代わって、自衛のための実力の保持を明記する。

第九条第二項　日本国の保持する武力は、日本国の独立と安全を防衛し、国民の基本的人権を守護することを目的とする。

●コメント

第九条第一項で放棄している戦争には、「自衛戦争」は含まれないのであるから、同項の削除ないし改訂は必要あるまい。むしろ、現規定の「平和主義」の原理は、そのまま維持することを明らかにするためにも、引き続き存置すべきであろう。

問題は、第二項であるが、すっきりさせるためには、現在の規定を削除し、これに代わって、右に示したような規定を置くことが、望ましいであろう。ただし、第一項の場合と同様、第二項についても、それを変更することが、「平和主義」の原理を後退させるような印象を一般に与え、その結果、九条改正に反対の声が高まることも予想される。そのような場合には、第二項もそのままにしておき、別に第三項を設けて、そこで、自衛戦争および自衛のための武力の保持が、第一項、第二項によって禁ぜられるものでない旨の、いわば、解釈規定を置くことも、一つの考え方ではないかと思う。

▼改正点（四）……第十四条第一項

・現憲法の条項

第十四条【法の下の平等】

① すべて国民は、法の下に平等であって、人種、信条、性別、社会的身分又は門地により、政治的、経済的又は社会的関係において、差別されない。

第十四条第一項は、その冒頭で、「すべて国民は、法の下に平等であって」と規定しているが、「法の下に」という表現では、法の適用の下における平等しか意味しない、という解釈も可能になってしまう。そのような解釈の余地を排し、法の定立にあたって、その内容そのものにおいても、国民を差別してはならないという意味を明白にするために、「法の下に」を「法の前に」と改めるべきである。

案

第十四条第一項　すべて国民は、法の前に平等であって、人種、信条、性別、社会的身分又は門地により、政治的、経済的又は社会的関係において、差別されない。

●コメント

英文が"under the law"であるため、邦文も「法の下に」となったのであろうが、各国憲法の規定は、いずれも"before the law"「法の前に」と表現されている。

フランス人権宣言が「すべての市民は、法の前に平等であって、自己の価値及び才能による以外は差別なく……」（第六条）と宣言して以来、「法の前の平等」は、近代憲法における権利章典の不可欠の要素となっている。

▼改正点（五）……第二十一条

●現憲法の条項

第二十一条【集会・結社・表現の自由、通信の秘密】

① 集会・結社及び言論、出版その他一切の表現の自由は、これを保障する。

② 検閲は、これをしてはならない。通信の秘密は、これを侵してはならない。

現憲法に、「知る権利」に関する明文規定がないことは周知の如くである。現状でも、第二十一条第一項の規定から「知る権利」を引き出すことは可能であるが、しかし、この場合の「知る権利」は、あくまでも「自由権」としてのそれであり、我が国の場合、現在の法制度のもとでは、「受け手」の側の「知る権利」が侵害されたということだけを理由として、その権利主体であるところの国民が、原告として訴訟の場に登場するというようなことはほとんど不可能である（第十三条の「幸福追求権」にまでさかのぼれば、そのような解釈も可能ではあるが）。「知る権利」を、「請求権」としても明白に認めるためには、同権利を憲法上明記することが必要であろう。

案……現行の第二十一条第二項を第三項に移し、代わりに、新たに次のような規定を第二項としておく。

第二十一条第二項　何人も、国の安全及び公共の秩序並びに個人の尊厳を侵さない限り、一般に入手できる情報源から、情報を得ることを妨げられない権利を有する。

●コメント

現憲法第十二条、第十三条は、いわば基本的人権の通則規定であり、よって、当然「知る権利」も「公共の福祉」による制約を受けるわけであるが、しかし、本権利については、それが濫用されるということになると、極めて由々しい事態を招来すると思われるので、第二十二条、第二十九条の場合と同様、注意的に「国の安全及び公共の秩序並びに個人の尊厳を侵さない限り」を入れることにした。

憲法上、明文をもって「知る権利」を保障している諸国では、例外なく、「国家の安全」や「公序良俗」などに反する場合には、それが制限され得るものである旨の定めをおいている。

なお、右案の「一般に入手できる情報源から」は、西ドイツのボン基本法の規定にならった。

▼改正点（六）……第二十二条

●現憲法の条項

第二十二条【居住・移転、及び職業選択の自由、外国移住及び国籍離脱の自由】

① 何人も、公共の福祉に反しない限り、居住、移転及び職業選択の自由を有する。

② 何人も、外国に移住し、又は国籍を離脱する自由を侵されない。

現憲法は、「外国に移住する自由」および「国籍離脱の自由」については明記しているものの、むしろ、今日においては、より一層重要と思われる「国籍剥奪」、「国外追放」などからの保護に関しては、何ら定めがなされていない。第二十二条に新たに第三項を設け、次のような規定をおくことを提案する。

案

第二十二条第三項　何人も、国籍を奪われ、外国に追放され、又は犯罪人として外国政府に引き渡されない。

●コメント

本条に関しては、その他、在留外国人の法的地位の明確化、逃亡政治犯罪人の引き渡しの禁止などについて、規定をおくことも一考に値しよう。国際関係がますます拡大化し複雑化する今日、これら諸権利について、憲法上の明記が、いよいよ必要になってきているのではないかと思う。

▼改正点（七）……第二十四条

●現憲法の条項

第二十四条【婚姻、個人の尊厳と両性の平等】

① 婚姻は、両性の合意のみに基いて成立し、夫婦が同等の権利を有することを基本として、相互の協力により、維持されなければならない。

② 配偶者の選択、財産権、相続、住居の選定、離婚並びに婚姻及び家族に関するその他の事項に関しては、法律は、個人の尊厳と両性の本質的平等に立脚して、制定されなければならない。

現憲法には、婚姻や夫婦に関する規定はあるが、社会生活の基礎単位としての家庭（ないし家族）については何らの定めもない。夫婦が、家庭（家族）の中心であることは否定しないが、家庭（家族）は、他にその親や子をも含んで構成されるものであり、そのような家庭（家族）の生活が、幸せで豊かであるよう、憲法上何らかの保障措置を講ずることが必要であろう。

案……第二十四条に新たに第三項を設ける。

第二十四条第三項　国は、国民生活の基礎単位として家庭を尊重し、及びこれを保護しなければならない。

●コメント

このような規定を、まず憲法において、その上で、国が何らかの具体的措置を講ずることによって、家庭（家族）が尊重されることになれば、今日の過度な自分本位の考え方も是正され、たとえば青少年の非行なども、ある程度防止することが可能になるのではないかと思う。

なお、本条については、その他、農業の衰退を防止するために、「農家の家産の保障」に関する規定を設けることなども、第二次以降の改憲においては一考に値しよう。

▼改正点（八）……第二十五条

●現憲法の条項

第二十五条【生存権、国の社会的使命】

① すべて国民は、健康で文化的な最低限度の生活を営む権利を有する。

② 国は、すべての生活部面について、社会福祉、社会保障及び公衆衛生の向上及び増進に努めなければならない。

「現代憲法」としてみた場合、現憲法の社会権規定が不備であることは否定しがたい。改正によって、二十世紀的基本権ともいわれる同権利の充実をはかるべきであろう。

とりあえず、第一次改正においては、第二十五条に第三項を設け、「老人及び母子の保護」に関する規定をおくことを提案する。

案

第二十五条第三項　国は、老人及び母子に特別の補助及び援助を与えなければならない。

●コメント

その他、「勤労の保護」、「女子及び年少者の労働の保護」や、国が「すべての教育施設を保護監督する」こと、さらには、最低賃金制、男女同一賃金、年次有給休暇制などの諸原則を定めることも一考に値するが、それは第二次以降の改正における検討課題としたい。

▼改正点（九）……第二十九条第三項

●現憲法の条項

第二十九条【財産権の保障、財産権の内容、正当補償】

③　私有財産は、正当な補償の下に、これを公共のために用ひることができる。

現憲法第二十九条第三項では、私有財産を公共のために用いる場合、「正当な補償」を必要とすると定めているが、「正当な補償」が、「完全な補償」を意味しているのか、それとも「相当な補償」を意味しているのか必ずしもはっきりしない。現代的な社会福祉国家の要請に応ずる意味からも、「正当な補償」を「相当な補償（ないし適正な補償）」に改めるべきである。その他、内容には関係ないが、「公共のために用ひる」の「用ひる」は、現代かなづかいに改めて「用いる」とすべきであろう。

案

第二十九条第三項　私有財産は、相当な補償の下に、これを公共のために用いることができる。

●コメント

歴史的にいって、十八世紀から十九世紀にいたる間においては、個人の財産権は不可侵の権利であるという思想が強く、したがって、その補償は「完全な補償」でなければならないと考えられていた。
しかし、二十世紀に入ると、次第に財産権不可侵性が修正を受けるようになり、それにつれて補償についても「相当な補償（ないし適正な補償）」を妥当とする考え方が支配的となった。

▼改正点（十）……第三十一条

●現憲法の条項

第三十一条【法定手続の保障】何人も、法律の定める手続によらなければ、その生命若しくは自由を奪はれ、又はその他の刑罰を科せられない。

第三十一条が、刑事手続法定主義を定めていることは明らかである。しかし「法律の定める手続」とあるだけで、「適正な」とか「正当な」といった言葉が入っていないため、単に刑事手続きが法律によって定められていればそれで良い、といった解釈ができないこともない。手続法の実態の適正をも要求することを明確にする意味で、「手続」の前に「適正な」という言葉を入れるべきである。

その他、内容には関係ないが、「その生命若しくは自由を奪はれ」の「奪はれ」は、現代かなづかいに改めて「奪われ」とすべきであろう。

案

第三十一条　何人も、法律の定める適正な手続によらなければ、その生命若しくは自由を奪われ、又はその他の刑罰を科せられない。

●コメント

本条については、その他にも問題は多い。例えば、罪刑法定主義の原則を含んでいるかどうかはっきりしないし、また、本条が行政手続に適用されるかどうかも明らかではない。

さらには、英文を翻訳したためであろうが、文章表現が日本語として適切でないところがあることなども問題であろう。第二次以降の改正でさらに手直しが必要かと思われる。

▼改正点（十一）……第三十二条

●現憲法の条項

第三十二条【裁判を受ける権利】何人も、裁判所において裁判を受ける権利を奪はれない。

本条は、いわゆる「裁判請求権」を定めたものであるが、単に、「裁判所において」とだけあるため、解釈上疑義の生ずる余地がある。「適法な（ないしは公正な）裁判所」において、「資格を有する裁判官」の裁判を受ける権利であることを明らかにする必要がある。

その他、内容には関係ないが、末尾の「奪はれない」は、現代かなづかいに改めて「奪われない」とすべきであろう。

案

第三十二条　何人も、適法な裁判所において、資格を有する裁判官の裁判を受ける権利を奪われない。

●コメント

本条については、その他、審級を異にする裁判所において、同一事件について、同一の裁判官が重ねて裁判することを禁ずる規定を入れるべきだ、という意見もあり得よう。

▼改正点（十二）……第三十三条

●現憲法の条項

第三十三条【逮捕の要件】何人も、現行犯として逮捕される場合を除いては、権限を有する司法官憲が発し、且つ理由となつてゐる犯罪を明示する令状によらなければ、逮捕されない。

第三十三条は、いわゆる「令状主義」を定めたものであるが、「司法官憲」という表現は不適切である。これでは、検察官や警察官も司法権の作用に関係する権限を有するのであるから、その意味では、「司法官憲」と呼ぶこともできるわけであり、そうだとすると、現状では、検察官や警察官によって発せられる令状を認めるような解釈も可能になってしまう。「司法官憲」を「裁判官」と改める必要があろう。

その他、内容には関係ないが、「理由となってゐる」の「ゐる」は、現代かなづかいに改めて「いる」とすべきであろう。

案

第三十三条　何人も、現行犯として逮捕される場合を除いては、権限を有する裁判官が発し、且つ理由となっている犯罪を明示する令状によらなければ、逮捕されない。

●コメント

本条は、逮捕には令状を要するという、単に形式的な手続を定めたものではないはずである。公正な地位にある裁判官によって、不当な逮捕を抑制しようというのが、その趣旨だといえよう。

▼改正点（十三）……第四十一条

●現憲法の条項

第四十一条【国会の地位・立法権】国会は、国権の最高機関であって、国の唯一の立法機関である。

第四十一条の「国権の最高機関」なる表現は、プロレタリアート独裁のもとに権力統合の原理に立つ社会主義憲法を象徴する規定であり、自由民主主義憲法には見られないところである。現状では、日本国憲法があたかも権力分立の原理を否定しているかのような誤解を生ぜしめる危険性があり、好ましくない。また、同条にある「唯一の立法機関」なる表現も、たとえば、政令、条例等の存在と矛盾することになり、適当ではなかろう。

案

第四十一条　国会は、国民代表の府であり、立法権を行使し、予算案を議決し、国政を監督し、その他この憲法及び法律の定める権限を行う。

●コメント

特定の国家機関を「国権の最高機関」とすることは、他の国家機関を、当該国家機関に従属せしめることを意味し、本来、権力分立の原理を否定することになってしまう。ちなみに、同様の規定は、社会主義諸国の憲法には例外なくみられるものであり、自由民主主義諸国では、「国民公会制」という特殊な制度を採用しているスイス憲法と、わが日本国憲法以外にはみられない。

▼改正点（十四）……第四十五条

●現憲法の条項

第四十五条【衆議院議員の任期】 衆議院議員の任期は、四年とする。但し、衆議院解散の場合には、その期間満了前に終了する。

現在、任期満了による総選挙は、任期が終わる日の前三十日以内に行われることになっている（公選法三十一条）が、非常の事態が発生し、総選挙が行えなくなったとき一体どうするのか。現憲法は、そのような事態に対処する定めを何ら持っていない。第四十五条に、第二項、第三項を追加し、非常事態の発生が任期満了の前であれば、国会の議決によって非常事態の継続中、任期延長することとし、任期満了後又は解散後に非常事態が発生した場合は、新国会が成立するまで、前国会が引きつづきその権限を行う、としたらいかがであろう。

案

第四十五条第二項　衆議院議員の任期は、衆議院議員の総選挙を行うに適しない非常の事態が発生した場合においては、国会の議決で、非常事態の継続中、これを延長することができる。

第四十五条第三項　衆議院議員の任期満了後、又は衆議院の解散後、総選挙を行うに適しない非常の事態が発生した場合には、新国会が成立するまで、前国会が引きつづきその権限を行う。

●コメント

右のように、任期満了後又は解散後に、非常事態が発生し、所定の期日までに総選挙が行えない場合に、新国会が成立するまで、引きつづき前国会がその権限を行うとすれば、現憲法第五十四条第二項後段及び同条第三項の規定する参議院の緊急集会の制度は、その意義を失うことになる。右改正と同時に、それらの規定を削除してよかろう。

なお、第四十五条については、衆議院議員の任期も問題となる。任期四年で解散があるということは、いわゆる「短任期制」ということであるが、最近では、むしろ、解散制をとる場合は、任期五年以上とする、「長任期制」が、世界の傾向となっている。第二次以降の改正においては、衆議院議員の任期の延長も、当然検討課題となろう。

▼改正点（十五）……第五十二条

●現憲法の条項

第五十二条【常会】 国会の常会は、毎年一回これを召集する。

現憲法は、国会の常会について、一回制を採用している。しかし、今日のように、国会において処理しなければならない案件が増大している情況下では、常会一回制は適当ではない。

事実上も、臨時会がほとんど定期的に開催されることによって、常会二回制の如き現象を呈している。世界的にも今日、常会二回制は、半数をこえる国家において、採用されているところろである。

案一

第五十二条　国会の常会は、毎年二回、これを召集する。

案二

第五十二条　国会の常会は、毎年二回、これを召集する。前期常会は一月の第四週から三月末日までを、後期常会は九月第三週から十月末までを、会期とする。但し、両議院一致の可決でこれを延長することができる。

●コメント

常会二回制は、世界における最近の最も顕著な傾向であり、同制度を採用する国家の数は増加の一途をたどっている。また、同時に、常会の会期を憲法上明記する国家も、今日、議会制度を採用する国家の半数を超えている。

▼改正点（十六）……第五十九条

・現憲法の条項

第五十九条【法律案の議決、衆議院の優越】

① 法律案は、この憲法に特別の定のある場合を除いては、両議院で可決したとき法律となる。

② 衆議院で可決し、参議院でこれと異なった議決をした法律案は、衆議院で出席議員の三分の二以上の多数で再び可決したときは、法律となる。

③ 前項の規定は、法律の定めるところにより、衆議院が、両議院の協議会を開くことを求めることを妨げない。

④ 参議院が、衆議院の可決した法律案を受け取った後、国会休会中の期間を除いて六十日以内に、議決しないときは、衆議院は、参議院がその法律案を否決したものとみなすことができる。

現憲法は二院制を採用しており、しかも、十分に必要な程度に第一院たる衆議院に優越的な地位を与えていない。しかしながら、第二院を置く積極的な理由は極めて希薄になっており、世界の多くの諸国では憲法を改正して二院制を廃し、一院制を採用する傾向にある。わが国の場合、現状でただちに二院制を廃することには抵抗があるものと思われるので、とりあえず、二院制の最大の欠陥である、第二院が国政をまひさせる危険な存在になることを、できうる限り、防止するような措置を講ずるべきであろう。また、現憲法は、法律案の発案権の明記がないため、その所在について争いがある。そのような争いをなくすためにも、発案権の所在について明記が必要であろう。

以上を勘案すれば、第五十九条は次のように改められるべきものと思う。

案……現行の第五十九条の第一項を第二項に移し、さらに同条第三項を第四項に、第四項を第五項に移す。第一項に新たに法律案の発案権の所在を規定し、現行の第二項については、表決数を改めた上、第三項に移す。

第五十九条　法律案の発案権は、内閣及び各議院の議員に属する。但し、租税に関する法

律及び予算を伴う法律案の発案権は、内閣に属する。

② 法律案は、この憲法に特別の定めのある場合を除いては、両議院で可決したとき法律となる。

③ 衆議院で可決し、参議院でこれと異なった議決をした法律案は、衆議院で総議員の過半数の賛成で再び可決したときは、法律となる。

④ 前項の規定は、法律の定めるところにより、衆議院が、両議院の協議会を開くことを求めることを妨げない。

⑤ 参議院が、衆議院の可決した法律案を受け取った後、国会休会中の期間を除いて、六十日以内に議決しないときは、衆議院は、参議院がその法律案を否決したものとみなすことができる。

●コメント

現状では、内閣に法律案の発案権がないとする有力な学説があり、そのような説を排除するためにも、右のような規定が必要であると思われる。また、租税に関する法律案、及び予算を伴う法律案については、国の収入支出について責任を負っている内閣に、その発案権は専属せしめるべきであろう。

「国政をまひさせる」存在に第二院がなる危険性を除去するためには、事実上、第一院のみで法律を成立させることが可能となるような措置を講ずるべきである。衆議院における再可決の表決数を「出席議員の三分の二」から「総議員の過半数」に改めたのはそのためである。

▼改正点（十七）……第六十条

●現憲法の条項

第六十条【衆議院の予算先議、予算議決に関する衆議院の優越】

① 予算は、さきに衆議院に提出しなければならない。

② 予算について、参議院で衆議院と異なった議決をした場合に、法律の定めるところにより、両議院の協議会を開いても意見が一致しないとき、又は参議院が、衆議院の可決した予算を受け取った後、国会休会中の期間を除いて三十日以内に、議決しないとき

は、衆議院の議決を国会の議決とする。

現憲法には、予算が年度内に成立しなかった場合どうするか、について全く規定がない。現在は、財政法第三十条に基づいて、とりあえず暫定予算を組んで当面をしのぐのであるが、この場合も、国会の議決が必要であり、年度内に必ず成立するという保障はどこにもない。もし、暫定予算すら年度内に成立しなかった場合には、一体どうするか。このような場合に対処するため、第六十条に新たに第三項を置いて、次のように規定すべきであろう。

案

第六十条第三項　会計年度の終了までに次年度の予算が成立しない場合には、内閣は、予算が、成立するまでの間、左の目的のために必要な一切の支出をなすことができる。

一、法律によって設置された施設を維持し、並びに法律によって定まっている行為を実行するため。

二、法規上国に属する義務を履行するため。

三、前年度の予算ですでに承認を得た範囲内で、建築、調達及びその他の事業を継続し、又はこれらの目的に対して補助を継続するため。

●コメント

右案は、西ドイツのボン基本法の規定を参照している。なお、明治憲法では、第七十一条に予算不成立の場合には、前年度の予算を当該年度の予算として施行することができる旨定められていた。

▼改正点（十八）……第六十八条

●現憲法の条項

第六十八条【国務大臣の任命及び罷免】

① 内閣総理大臣は、国務大臣を任命する。但し、その過半数は、国会議員の中から選ば

れなければならない。
② 内閣総理大臣は、任意に国務大臣を罷免することができる。

現憲法には、内閣総理大臣に事故のあるとき、または、内閣総理大臣が欠けた時に臨時に内閣総理大臣の職務を誰が行うか、について定めがない。現在は、内閣法第九条に基づいて「その予め指定する国務大臣」が、それを行うことになっているが、予めの指示がなかった場合どうするか、については一切沈黙している。
右のような場合どうするかについて、憲法上の措置を講じておく必要があるだろう。

案 一……第六十八条に新たに第三項を設ける。
第六十八条第三項　内閣総理大臣は、内閣の成立と同時に、内閣総理大臣に事故のある時、又は、内閣総理大臣が欠けた時に、臨時に内閣総理大臣の職務を行う国務大臣を指定しなければならない。

案　二……副総理制を明記する（第六十八条に第三項、第四項を置く）。

第六十八条第三項　内閣総理大臣は、内閣の成立と同時に、国務大臣の中から一名を選び、内閣副総理大臣に指定しなければならない。

第六十八条第四項　内閣副総理大臣は、内閣総理大臣に事故のある時、又は、内閣総理大臣が欠けた時に、臨時に内閣総理大臣の職務を行う。

●コメント

先の大平首相の急逝の際のような混乱を防ぐためにも、「内閣の成立と同時に」指定する、としておくことが必要であろう。なお、このような重要な規定を一般の法律で行うことは適当ではない。

▼改正点（十九）……第六十九条

●現憲法の条項

第六十九条【内閣不信任決議の効果】内閣は、衆議院で不信任の決議案を可決し、又は信任の決議案を否決したときは、十日以内に衆議院が解散されない限り、総辞職をしなければならない。

現憲法は、内閣不信任権の濫用防止について、何らの規定も置いていない。現状では、「出席議員の過半数」の賛成で不信任が成立してしまうが、これでは何らかの理由で内閣を信任していながら出席しなかった議員の意志が無視され、総議員の中では少数である不信任議員の意志で、不信任が可決されてしまう危険性がある。また、内閣不信任のような、国政に重大な影響を与えかねないような案件の議決には、提案から議決までの間に、一定の冷却期間を置く必要があるように思う。

案……現第六十九条の表決数を改め第一項とし、新たに第二項を置き、冷却期間を定める。

第六十九条第一項　内閣は、衆議院で総議員の過半数により不信任の議決案を可決し、又は、信任の議決案を否決した時は、十日以内に衆議院が解散されない限り、総辞職をしなければならない。

第六十九条第二項　内閣に対する不信任及び信任の議決案の議決は、動議が提出されてから四十八時間後でなければならない。

●コメント

世界で不信任規定を有している国家の八〇％以上が、憲法で内閣の不信任について、議会側に何らかの濫用防止規定を付している。右の四十八時間の冷却期間は、西ドイツ、フランスの例にならった。なお、不信任権の濫用防止措置として、不信任動議に必要な議員数を、憲法で規定する例も多く見られる。

▼改正点（二十）……第七十三条第六号

●現憲法の条項

第七十三条【内閣の職務】

六 この憲法及び法律の規定を実施するために、政令を制定すること。但し、政令には、特にその法律の委任がある場合を除いては、罰則を設けることができない。

現行規定では、「この憲法及び法律の規定を実施するために、政令を制定すること。」となっているが、これでは、直接「憲法の規定を実施するために」政令を制定することができるといった解釈の余地があり、不都合である。右規定のうち「この憲法及び」なる文言は削除すべきである。

案

第七十三条第六号　法律の規定を実施するために、政令を制定すること。但し、政令には、特にその法律の委任がある場合を除いては、罰則を設けることができない。

●コメント

憲法の規定を実施するために法律があるわけであり、政令は、単に法律の規定を実施するためのものであることをはっきりさせる必要がある。

なお、右規定については、その他、「委任命令」を認めているかどうかといったことも問題になる。限られた一定の事項については、委任命令たる政令を認めていると解すべきであろうが、委任の範囲をどうするか、委任立法について国会が事後審査を行う必要はないか、などといった点は第二次以降の改正における検討課題であろう。

▼改正点（二十一）……第七十七条第一項

●現憲法の条項

第七十七条【最高裁判所の規則制定権】

① 最高裁判所は、訴訟に関する手続、弁護士、裁判所の内部規律及び司法事務処理に関する事項について、規則を定める権限を有する。

現行の規定では、最高裁判所の規則制定権が、あたかも、刑事訴訟法や民事訴訟法などの法律の分野にまで及ぶかのように読めてしまう。規則制定権は、あくまで「法律の範囲内で」認められるものであることを明記すべきである。

案

第七十七条第一項　最高裁判所は、法律の定める範囲内において、訴訟に関する手続、弁護士、裁判所の内部規律及び司法事務処理に関する事項について、規則を定める権限を有する。

●コメント

最高裁判所に規則制定権を与えることは、決して国会の立法権を侵すことを許容する趣旨ではない。それは、司法部の自主性を徹底せしめるとともに、裁判の手続的、技術的、細目的な事項については、裁判所の専門的な知識と実際的な経験を尊重しようとしたために他ならない。

▼改正点（二十二）……第八十二条第二項

●現憲法の条項

第八十二条【裁判の公開】

②　裁判所が、裁判官の全員一致で、公の秩序又は善良の風俗を害する虞があると決した

場合には、対審は、公開しないでこれを行ふことができる。但し、政治犯罪、出版に関する犯罪又はこの憲法第三章で保障する国民の権利が問題となつてゐる事件の対審は、常にこれを公開しなければならない。

第八十二条は、裁判公開の原則を定めているのであるが、同条第二項但し書のような規定は世界に類例を見ない。「政治犯罪、出版に関する犯罪又はこの憲法第三章で保障する国民の権利が問題となってゐる事件の対審は、常にこれを公開しなければならない。」と定めているが、これでは、裁判非公開の余地はほとんどないといってよい。特に、防衛上、外交上の重大事件についてまで、一切公開の法廷で裁判が行われなくてはならないということでは、国家の機密がもれてしまい、内外関係にも悪影響を及ぼすことは必定であろう。右但し書は全文削除すべきである。

その他、内容には関係ないが、「対審は、公開しないでこれを行ふ」の「行ふ」、「国民の権利が問題となってゐる」の「ゐる」は、現代かなづかいに改めて「行う」「いる」とすべきであろう。

案

第八十二条第二項　裁判所が、裁判官の全員一致で、公の秩序又は善良の風俗を害する虞があると決した場合には、対審は、公開しないでこれを行うことができる。

●コメント

本規定については、他に、「裁判官の全員一致で」非公開を決定するということにも問題がないわけではない。一人でも反対の裁判官がいれば公開せざるを得ないということは、いかがなものであろう。この点については、第二次以降の改正で検討を要しよう。

▼改正点（二十三）……第八十六条

●現憲法の条項

第八十六条　【予算の作成と国会の議決】内閣は、毎会計年度の予算を作成し、国会に提出して、その審議を受け議決を経なければならない。

現憲法は、予算一年主義及び会計年度の制度を採っているためであろうが、「継続費」を認める規定を置いていない。しかし、現実には、公共土木事業など数年にわたり継続して経費を支出しなければならない場合も少なくない。そのような必要に応じ、憲法上の疑義なく、経費の継続支出を可能とするために、明文の規定を置くべきであろう。

案……第八十六条に新たに第二項を設ける。

第八十六条第二項　特別に継続支出の必要あるときは、年限を定め、継続費として、国会の議決を経なければならない。

●コメント

現在でも、第八十六条の「毎会計年度の予算」というのを、当該年度に限らず、数年度を会計年度とすることをも認めたものと解せば、国会の議決によって継続費を設けることは許されよう（現に、財政法第十四条の二は継続費を認めている）。しかし、それは、何といっても予算一年主義及び会計年度の制度に対して、例外をなす制度なのであるから、やはり、憲法上の明記が必要だといえよう。

▼改正点（二十四）……第八十九条

●現憲法の条項

第八十九条【公の財産の支出又は利用の制限】公金その他の公の財産は、宗教上の組織若しくは団体の使用、便益若しくは維持のため、又は公の支配に属しない慈善、教育若しくは博愛の事業に対し、これを支出、又はその利用に供してはならない。

現憲法の第八十九条の規定を文理解釈すると、私立学校への国家助成には、違憲の疑いが強い。現在は、そのために、私学振興財団なる団体を設け、国家は同財団に助成金を支出し、同財団が各私立学校に、それを配分する、という便法をとっている。

しかし、このような措置を講じても、「公の支配に属しない」私立学校に公金が支出されていることには変わりなく、第八十九条違反の疑いは免れない。現行規定を改め、私学助成違憲の疑いを除去すべきである。なお、現在は、慈善ないし博愛の事業に対する公金の支出も禁止されているが、これも、妥当ではあるまい。同時に改めるべきであろう。

案

第八十九条　公金その他の公の財産は、宗教上の組織若しくは団体の使用、便益、若しく

は維持のため、これを支出し、又はその利用に供してはならない。

●コメント

右案は現第八十九条から「又は公の支配に属しない慈善、教育、若しくは博愛の事業に対し」なる文言を削除したものである。

なお、靖国神社の国家護持を憲法上の疑義なしに実現するためには、右の規定に但し書きを置いて、例えば「但し、靖国神社の維持のための支出は、この限りではない」と、すれば良いであろう。但し、このような改正には抵抗もあると思われるので、第一次改正案には盛りこまないことにした。

▼改正点（二十五）……第九十二条

●現憲法の条項

第九十二条【地方自治の基本原則】地方公共団体の組織及び運営に関する事項は、地方自治の本旨に基いて、法律でこれを定める。

第九十二条にいう「地方自治の本旨」の意味が明確でないため、さまざまな混乱が生じている。特に問題なのは、同規定をアメリカ式に解して、地方公共団体は固有の自治権を有していると主張し、国政と地方自治とを、観念的に峻別し対立的に見る考え方が一部にあることである。このような考え方を排し、地方自治の健全な発展を保障するために、第九十二条に新たに第二項を設け、次のような規定を置くことを提案したい。

案……第九十二条に新たに第二項を置く。

第九十二条第二項　地方公共団体は、国と協同して、住民の福祉の増進につとめなければならない。

●コメント

アメリカのような連邦制の国家の場合ならまだしも、我が国のような単一国家において、地方公共団体の自治権が、固有の権利であるはずはない。それに、すべての国民に一定の生活水準を保障する、という現代福祉国家の理念からいっても、国と地方公共団体との協同は、必然の要請だといえよう。

●現憲法の前文の改正について——今回の改正案には、憲法の「前文」について触れていないので、その点につき付言しておく。たしかに現憲法の前文は、マッカーサー草案の翻訳であるために「日本文になっていない」とか、また「敗戦の詫び証文」といわれてもいたしかたない内容もあり、これはいずれ改められるべきものであろう。

現に、改正案を作るに当たって、真っ先きに前文から手をつけている団体もある。しかし、当団体では、以下の見地から、今次案ではあえて、前文には手をつけないことにした。①憲法学上、前文は、法規範的性格を有するとはいえ、本文各条項のような法的拘束力を有せず、各条項を解釈する基準に留まると解するのが一般である。②前文を有しない外国憲法も多く、その点で、前文と各条項とは、学術書の総論と各論の関係にあるわけではなく、前文を改正する法的緊急度は各条項と比べ高くない。③むしろ前文は、各条項の改正点が定まってから、各条項を集約する形でまとめられるべきである。

六、政治改革のための改憲案を提言する

この章は、政治改革のための改憲案で五項あるが、頁数の関係で、次の二項目を掲げる。

（1）国会議員が就任するにあたり、宣誓を義務づける規定を設ける

（2）国政を任せるにたる人物を選出するため、被選挙資格を制限する

岸信介会長は、昭和六十一年に清原淳平を呼び、岸会長が創立にかかわる四団体の後継会長について御相談があった。清原がそれは会長の専権事項と申し上げると、「では、独り言をいおう」と言われ、それぞれの団体の後継者をあげ、委嘱された。

「自主憲法」については、木村睦男元参議院議員・運輸大臣・参議院議長に依頼された。岸会長の御逝去後、木村睦男会長は、岸信介前会長の意を受け熱心に務めて下さった。この政治改革の改憲案は、木村睦男会長のもと起案されたものである。

（1）国会議員が就任するにあたり、宣誓を義務づける規定を設ける

私どもは、憲法に次のような「国会議員の就任宣誓義務」規定を置くことを提案する。

第四十八の二条〔両院議員の就任宣誓義務〕

① 両議院の議員は、その就任に際し、左の宣誓を行わなければならない。

「私（氏名）は、憲法及び法律を尊重擁護し、何人からも職務に関して贈与を受けずまた不正な約束もせず、つねに全力を尽くし、日本国の発展と国民の利福の増進に努めることを誓います」

② 右の宣誓を行うことを拒否し、又は条件付の宣誓を行う場合は、議員の地位を放棄したものと見なす。

右の「両院議員の就任宣誓義務」規定を認めるとして、この条項を、現行憲法のどこに入れるかが問題となるが、現行憲法の第四章国会の各条項を見てゆくと、第四十四条から第四十八

条までは議員の資格に関することが規定されており、第四十九条は歳費についての規定であるので、第四十八条と第四十九条との間に置くのが望ましいと思われる。
なお、「第四十八の二条」と表現したのは、諸国の憲法が、新設条項を既存の憲法に挿入する場合にとられる一般的な措置であることを付言しておく。

〈参　考〉

① 国民から選挙された国会議員が、憲法及び法令を順守し、国のため国民のためにその職務を行うべきことは、明文の規定がなくとも、立候補する時点から当選して議員の職についている間、当然、本人が自覚していなければならない事柄のはずで、それは教養の分野と言えるが、現実には、それが守られない以上、そうした政治倫理について宣誓する規定を設け、それに違反した場合の処罰規定を置くことも必要な措置となる。

② 議員としても、当選して国政への決意も新たな時点で、政治倫理について宣誓すれば、それは「良心」となり、将来、その宣誓に違反するような誘惑にぶつかったときに、「良心」がとがめて誘惑を回避する、といった心理的効果を期待できる。

③ 諸外国では、キリスト教の影響もあって、大多数の国が、議員に就任宣誓義務を課しており、そのうち、単に法律ではなく、憲法で就任宣誓を義務づけている国家だけでもその半数に近い。これを見ても、議員の就任宣誓義務を明記することは、世界の趨勢と言える。

④ ちなみに、アメリカ合衆国憲法は、その第六条の中で「上院・下院の議員及び各州議会の議員、並びに合衆国及び各州のすべての行政官及び司法官は、宣誓又は確約により、この憲法を支持すべき義務を負う」として、大統領の就任についてはもちろん、立法府・行政府・司法府の役人には宣誓義務が課されている。

⑤ イギリスは、明文の憲法を持たないが、やはり議員の就任宣言が行われている。ただ、イギリスの場合は、長い立憲君主制の歴史から、その宣誓内容は次のような表現になっている。

「私（各議員の氏名）は、エリザベス女王陛下、法の定めるその相続人及び継承者に対し、誠実であり、かつ、真の忠順を保持することを、全能の神にかけて宣誓いたします。さらば神よ助けたまえ」

⑥ こうして議員の就任宣誓の文言は、国情により、時代により異なるが、一番一般的な表現

としては、アルゼンチン憲法第六十条が参考になる。

「元老院議員及び代議院議員は、職務を執行するに際し、その義務を正しく履行すること、及びこの憲法の定めるところに従い、すべての行動をとることを宣誓しなければならない」

⑦ 以上、諸外国における議員の就任宣誓義務規定を参考にし、わが国では、どのような表現で規定するのが妥当かを検討した結果、われわれは、上記のような表現が合理的ではなかろうか、と考えた次第である。

⑧ なお、念のため申し添えるが、上記の各国憲法の就任宣誓文言の中に「憲法及び法律を尊重する」旨の表現があるが、わが国では、そういう宣誓をすると、以後、憲法を改正する議論をすることさえいけないのだ、とする誤った議論が横行している。
その顕著な例が、平成元年、昭和天皇崩御のあと、今上陛下が「朝見の儀」のお言葉の中において、「現行憲法を順守する」旨を仰せられたのをとらえ、野党や報道機関が、陛下はいわゆる「護憲派」の立場を鮮明にされたもので、したがって憲法を改正する根拠は失われた、といった論評をしたが、これは誤りである。

けだし、天皇も、首相や閣僚はじめ役人はもちろん国民も、現行の憲法を順守することは当たり前のことで、陛下は当然のことを言われたにすぎず、現行憲法を守りつつ、「立法論」として現行憲法を改正して、より現実的な合理的なものにしよう、ということとは別の問題であることを知るべきである。

⑨ 改憲発言が問題になったケースとしては、古くは稲葉法相や栗栖統幕議長の発言、奥野法相や竹田統幕議長の発言があるが、これらの方々は、なにも今の憲法を守らないと言ったわけでは全くなく、現行憲法を順守しながら、「立法論」として、憲法を改めた方がよいと言ったにすぎない。

憲法に限らずいかなる法でも、不備があると考えれば立法論として改正を言うのは当然のことで、そうでなければ、世の中の進歩はないし、それが「言論の自由」でもある。

こうした法の基本的原理を理解しないで、イデオロギー的に改憲に反対するのは、わが国が、まだ法治主義に習熟していない、と言われても止むをえないところである。

(2) 国政を任せるにたる人物を選出するため、被選挙資格を制限する

上述のように、議員の宣誓義務を憲法で定めたとしても、これに違反したときの制裁措置が規定されていなければ、政治倫理は確保されず、絵に描いた餅に過ぎなくなる危険がある。

また、そうした違反のときの制裁措置については、国民によって選挙される議員の地位を剥奪ないし制約するものであるから、その制裁規定も、選任規定と同じく、憲法そのものに規定され、誰の目から見ても合理的で、かつその条件が具体的に明示されたものでなければならない。

ここでは、「議員に当選する前の資格」について考えてみよう。

けだし、国会議員になろうとする者は、本来、国民のため、国のため、世界のために働こうとするものであり、そうした「志の高さ」からすれば、公正なる良識を持った人物であることが要求され、それは、議員になった時点からではなく、議員になるべく立候補した時点から、そうした資質が求められると解して良い。

この点については、諸外国でもそうした規定を置いているので、それを参考にしつつ、わが

国の憲法にも、次のような規定を置いたらどうか、と考える次第である。

第四十四の二条〔被選挙資格の制限〕

① 刑事法上、有罪の確定判決を受けた者、並びに民事法上、偽造、詐欺、横領、背任、及び詐欺的破産などで有罪の確定判決を受けた者は、議員としての被選挙権を有しない。

② 選挙に関して、買収、強要、脅迫などの腐敗行為を行い、有罪の確定判決を受けた候補者は、その犯罪の行われた選挙区から選出される権利を永久に失い、他の選挙区からは四年間立候補出来ないものとする。

③ 候補者の選挙責任者が、前項の行為を行った場合は、その候補者は当該選挙区から選出される資格を四年間失うものとする。

右の案文は厳しいようであるが、この位の規定を置かないと、政治倫理は確保せられないと思われる。

この新設すべき条項を、第四十四の二条としたのは、外国が現行憲法に新設規定を置く場合の例に習ったものであり、現行日本国憲法第四十四条が〔議員及び選挙人の資格〕を挙げているので、そのあとに規定するのが相応しいと考えたからである。したがって、現行第四十四条は第四十四の一条と表記する。

〈参　考〉

① 議会制民主主義の先進国イギリスは、長年の慣行を重んじ、成文の憲法を持たないが、議会で制定された「腐敗及び不法行為防止法」を見ると、次のような参考となる文言が見られる。

「（選挙に関し）買収、脅迫などの腐敗行為を行った候補者は、その犯罪の行われた選挙区から選出される資格を永久に失い、他の選挙区からは七年間出られないものとする。」

「候補者の代理人が、かかる行為を行った場合も、その候補者は、当該選挙区から選出される資格を、七年間失うものとする。」

（注、イギリスの当時の議員任期が七年であったので、右の七年という数字は、つまり、

一任期だけ被選挙資格を失わせることを意味する）

② トルコ憲法第七十六条には、「確定判決により、横領、贈収賄、窃盗、詐欺、偽造、背任の罪の宣告を受けた者、及び詐欺的破産のような恥ずべき罪の有罪判決を受けた者は、たとえ恩赦を受けたとしても、議員としての被選挙権を有しない」との規定があり、これも参考になる。

③ また、先進国の一つデンマーク憲法の第三十条一項には、「公衆の目で見て、国会議員たるに相応しくないとされる行為について、有罪を宣告された者は、被選挙資格を有しない」旨の規定もあり、大いに参考になる。

これらを参考に、わが国のこれまでの選挙犯罪の形態を考慮して、憲法の中に前掲のような被選挙資格の制限規定を置くのが妥当と考えた次第である。

あとがき

本書については、頁数について、かなり苦労をした。というのは、この『国民投票のための憲法改正学』は、題名からお分かりのように、国民大衆一般の方々に御理解をいただくことを目的とした啓発書である。あまり、むずかしいことを書いてはいけない。いや、むずかしいことを、どのようにやさしく書くか、が課題だった。

だが、書きたいことは沢山ある。しかし、一つのテーマについてあまりページ数をとると、読むのが面倒になられるだろうと考え、そこで、前半の一、二、三、は「一テーマを一ページに入れる」ことを、みずからに課した。

そして、もう一つの課題は、頁数があまり多くなり、重くなると、気軽に手に持って電車の中でも読む、というわけにはゆかないだろうとも考え、極力簡潔に書くことを心掛けた。

本書の後半に、憲法の章が出てくるので、それとの混同を避け、「章」とはせず、一、二、とした。前半の三つは、日常の各種活動の合間をみて書いたが、時間的にかなり厳しかった。後半の四、五、六、は、国民の皆さまに参考にしていただくために、いまの憲法の、どこに、どういう問題があり、それをどう改めるか、その具体例を挙げておきたい、と考えた。

当団体は、昭和の時代から、ずっと改憲案を作ってきているので、材料はたくさんあるが、当初、本書の後段には、平成十五年五月三日の国民大会で発表した当団体の全面改正案の中から、二十から三十を選んでと思い、取り組んで見たが、今回は、憲法を学んだ経験のない方にも分かっていただくのが目的なので、全面改憲案にやさしい解説をつける時間的余裕がない、と思った。

そのとき、想い出したのが、昭和の五十年代、当時の会長・岸信介元総理が、この国民投票のことを考えておられて、国民一般向けに、憲法改正の必要性を分かりやすく書くように、との指示があって作った『憲法はなぜ改正されなければならないのでしょう』という小冊子があったことである。そこで、取り出して読んで見ると、いまでも十分通用するので、四、には、この小冊子の内容を、そのまま転用した。

そうした観点に立つと、もう一冊、当団体の毎月の研究会で、昭和五十六年~五十七年の間二か年に検討し取りまとめ、昭和五十八年五月三日の国民大会で発表した『現憲法のどこを、どう改めるか』なる小冊子があり、（その後の研究で、さらに改正もしているが）それの方が啓発書としてふさわしいのではないかと考え、それを、本書の五、として転載することにした。それらの小冊子は、当時、岸信介会長が「分かりやすくて良い」と大層喜んで下さったことを思い出す。そこで、本書を、謹んで、岸信介先生の御霊に、捧げ申し上げる。

私が、岸信介総理の謦咳に接したのは、丁度、安保騒動のあった昭和三十年当時であった。そうしたご縁もあり、昭和五十三年秋から、逐次、岸信介先生が創立ないし創立に関与された四団体の執行を委嘱され、亡くなられるまで、十年の月日であった。

世間では、岸信介なる人物について、安保騒動の際、反対派によって書かれた書物が種本となって、今日でも、右翼、軍国主義者、妖怪、悪徳、悪運などと冠する書物が多いが、実際に接した岸信介は、人格識見、比類のない傑出した人物であった。私はいずれ、世間のその誤った認識をただしたい、と思っている。

岸信介会長亡きあとは、御生前から予定されていた木村睦男元参議院議長が会長に就任した。木村睦男会長も、岸信介先生の志を受け継ぎ、熱心に活動された。そこで、本書の最後には、木村会長の音頭でまとめた『政治改革のための改憲案を提言する』を掲載することにした。

なお、昭和五十四年から、研究会にて毎月講義をして下さった亡き憲法学者・竹花光範教授

（のち駒沢大学副学長・憲法学会理事長）にも感謝を捧げたい。木村睦男先生、竹花光範先生も、心に残る人物識見立派な方であった。竹花先生は「学者は、どうしても文章はむずかしく書かざるをえない。清原さんは、本来むずかしい哲学書も分かりやすく書かれるので、啓発書は、清原さんにお願いする」と言われ、改憲運動は二人で一心同体の盟友であった。

その他、長い年月、いろいろと協力して下さった方々のお顔を思い浮かべつつ。

擱筆

平成三十年四月

清原淳平

清原淳平（きよはらじゅんぺい）

東京都出身。早稲田大学大学院（世界経済）専攻。西武グループ創立者・堤康次郎会長（元衆議院議長）の総帥秘書室勤務。その際、時の岸信介総理の御面識を得たご縁もあり、昭和53年秋より、逐次、岸信介元総理が創立ないし創立に関与した4団体の事務局長、常務理事、専務理事など執行役員を委嘱され、以来、今日にいたっている。

その中には、昭和54年春就任の自主憲法期成議員同盟事務局長、そして自主憲法制定国民会議（＝新しい憲法をつくる国民会議）があり、後者の国民会議では、事務局長、常務理事、専務理事、会長代行を経て、平成23年以降、会長に就任している。

憲法改正の研究には、38年間にわたり携わってきており、この間、『憲法改正入門』、善本社から『なぜ憲法改正か⁉』『岸信介元総理の志　憲法改正』『集団的自衛権・安全保障法制』、そして今回の『国民投票のための憲法改正学』などの編著書がある。

http://kiyohara-junpei.jp/　　http://atarashii-kenpou.jp/

国民投票のための憲法改正学

平成三十年五月三日　初版発行

著者　清原淳平
発行者　手塚容子
印刷所　善本社製作部

〒101-0051　東京都千代田区神田神保町二—十四—一〇三
発行所　株式会社　善本社
TEL（〇三）五二一三—四八三七
FAX（〇三）五二一三—四八三八

ISBN978—4—7939—0477—6　C0032